色彩的告白

解读色彩和心理的奇妙关系

[日] 山胁惠子 著 李凤娟 译

中国法制出版社
CHINA LEGAL PUBLISHING HOUSE

PREFACE

序言

粉色若能返老还童，你愿意尝试吗

提起“彩色效应”，人们经常会联想到“色彩心理（学）”。就我个人而言，“色彩心理”尚未成为一门学问，所以就把“学”省略了，但或许世人并不在意有没有这个“学”字吧！

我从事的是艺术疗法和心理咨询工作，有时也会观察患者描绘的作品，把其中的发现传达给患者的主治医生。虽然是观察整体并非只看颜色，但色彩和人们的内心之间究竟蕴含着什么样的关系呢？我会有意识地思考象征性、文化和社会的功能、历史、个人和色彩的关系等一切相关的内容。因此，我虽然想了解有关色彩的一切（当然这也是有界限的），但是像别人所期待的那样进行单纯的色彩分析，是不太可能的。

另外，即使是在论文中发表的各种各样的实验，也无法证明（验证）“色彩世界”的现状。

不知从什么时候开始出现了这么一句话：“色彩会给人带来普遍意象。”于是出现了根据对不同颜色的喜好进行性格分析、根据画中的用色进行心理分析之类的言论，每每听到这些都会让我坐立不安。又或者是“色彩对人的内心和身体有着巨大的影响”，于是在有关美容和疾病的书籍中，色彩的效果会和脑内物质的名称一起出现，等等。这些所谓的“色彩的科学性说明”是怎么回事？真是让人不知所措。这是在哪儿得到的证实？应该没有这样的证据吧？唉，真相真是扑朔迷离。

例如，经常会听人说“粉色会激发女性荷尔蒙”“穿粉色衣服显得年轻，皮肤看着更有光泽”，虽然这些说法并未得到科学的证明，但广为流传。听到这些我并不会极力反对，以我个人的立场来看，会觉得：“这个，有可能！”不过请大家不要误会，因为这并不是色彩的影响。

那么，这是什么力量呢？答案是“人的想象力”。也就是说，听者如果能够进行丰富的想象，就会产生相应的效果。

如果你觉得“想象比色彩更不可信”，那么通过“想象力”的实践状况和结果你就会明白，想象力被广泛应用于医疗、运动等周边的领域。

或许有人在医院等地方听说过“自律训练法”（一种通过想象

来控制身心状态的经典方法），以及运动心理学中的“想象训练”，即脑海中栩栩如生地浮现出运动的自己、胜利的自己这样一种训练方法。据说获得奥运会体操冠军的内村航平从小的时候就开始进行想象训练。另外，在自我启发体系中，也有在头脑中真实再现广告策划方案等的“彩排训练”。想象对人的内心有着很大的推动作用，是通往美好结果的良师益友。

但是，想象也有负面的力量。例如幽闭空间恐惧症，有的人只是进入医院的核磁共振仪中就会呼吸困难，陷入恐慌。虽然当事人觉得呼吸困难，但这并不代表现实中的空气发生了变化，而是其“想象力”导致的呼吸困难。由此可见，想象所带来的影响竟如此之大。

对“人的想象力”产生巨大贡献的，正是“色彩”。比起黑白照片，彩色照片更能给人带来一种身临其境的感觉。因为对具有色觉的人来说，色彩使想象变得更加真实。

刚才提到的粉色话题，实际上也不是色彩带来的影响。为什么这么说呢？这是因为“粉色是可爱的颜色”“粉色是具有女性魅力的颜色”等这些人们对于粉色的印象是近代才出现的。“粉色能让人返老还童”，并不是说粉色直接作用于荷尔蒙，而是那些幻想粉色能够激活荷尔蒙（甚至有击败癌细胞的想象疗法）以及强烈期待“可爱的颜色”能使皮肤变光滑、让人显得年轻的人，如果这样想象一定会使心情变得很愉悦，如此一来，身体的紧张感便会解除，身体状态也会发生变化，可能皮肤就会越来越好。

所以重要的是“了解这种色彩的意象”，以及“是否相信”。

就我个人而言，我觉得有必要弄清楚传达方是“色彩的效果”还是“想象的效果”，不过只要实践方觉得值得相信，无论是什么都无所谓，只要有结果就可以。因此，我有时候也会向人推荐使用色彩意象的“色彩呼吸法”，这也是“在当代日本通用”的一种方法。当然，这并不是让你“返老还童”，而是用这种方法使你身心放松、转换心情。

正如认为“粉色很可爱”，如果认为存在“普遍性的色彩意象（即便时代和文化不同，人们也具有共同的想象)”，那就大错特错了。绝大多数色彩中并没有所谓的“普遍性意象”。这一点从色彩的历史发展来看便可十分清楚。

“黄色是阳气之色，绿色是安稳之色，蓝色是知性之色”，这些观念已经渗透到我们的意识中，仿佛自古就已存在。但是如果我们穿越到中世纪的欧洲，回到说出这些言论的时候，恐怕会听到“这家伙是恶魔吗？！”之类的嘘声，引起极大的恐慌吧！不过，这也就是说说而已。色彩的意象，根据文化、宗教、时代的不同，也在不断地发生变化，而发展为全世界范围内通用则是近代以后的事。为了使色彩更好地为人所用，必须使之与各个时代的印象相匹配。

那么，色彩里面是不是完全没有普遍性意象呢？其实不然，我认为有些色彩具有普遍性意象。无论是从语言的进化来看，还是从动物与生俱来（本能）的反应来看，恐怕我们人类对同一种颜色会有本能的反应，并且一直流传至今。因为对于具有色觉的生物——人类来说，色彩是提高生存率的一个重要信息来源。

这种远古时代的经历催生出的对色彩的反应，又由后人创造出色彩意象，大多数情况是不断地进行反转、编造、修正，进而形成人们共有的色彩意象。因此，一想到色彩，脑海里便会不由自主地浮现出各个时代的人物。

就这样，在寻求色彩和心理的关系、探寻其根源的过程中，我不知何时构建起“色彩心理”的轮廓。这里会出现很多人物和有关色彩的话题，是个丰富的世界，因为色彩一直和我们并肩而行。

色彩真的太有趣了！这是一个没有歪理可言的精彩世界。

目录 CONTENTS

第三章 茶色

第四章 绿色

第五章 蓝色

第六章 紫色

第七章 粉红色

第八章 白、灰、黑

序章

『色彩心理』并不简单

许多人虽然知道“色彩心理”这个词，但并不是很明白其中的内涵。若被问起色彩心理蕴含着什么，大致会回答出以下两点内容。

1. 根据一个人喜欢的衣服颜色和孩子画画时的用色，可以了解其性格和心理。

2. 色彩给人的行为和心理带来影响。

也有人认为，在心理学的学习中包含这些内容吧？的确，在心理学中会学习到与“色彩”相关的内容，不过这是关于人是如何感知即知觉的一种现象的内容，而且这是在认知心理学中首先要学习的内容。

例如，在基础心理学的范畴中，不同的颜色排列在一起，它们相互影响，会让人产生与现实颜色不同的错觉。这是不是很不可思议、很有趣？

但是，大部分人好像会在意前面所说的那两点内容。毫无疑问的是，在心理学中并没有色彩心理学这样的独立领域。不过，倒是有可以满足大家期待的领域，如社会心理学、产业心理学、临床心理学等等。例如，在“人格心理学”中会学习所谓的“心理测试”，虽然有的测试中会出现颜色项目，但并没有根据颜色的喜好来调查研究什么的测试。

这么一说，或许会让人难以置信："咦？不会吧？"在网上经常可以看到"根据喜欢的颜色来推断你的心理（性格）"之类的内容啊！但是，这些是"占卜"，其实并不靠谱。

本来在说根据色彩推测出什么的时候，作为其理论基础的"色彩（每一种颜色）中的普遍意象"这个前提就有些牵强。我曾经看到这样一句话："喜欢黄色的男性积极乐观、好奇心强，虽然有点孩子气但勇于追求梦想"，这种喜爱黄色的"人的印象"是由"色彩的意象"发展而来的。

"生机勃勃、热情开朗、孩子气"，是现代的我们能够自然感受到的，所以我们不由自主地想去相信。但是，色彩的意象根据时代、宗教和国家的不同也不尽相同。

黄色这种"生机勃勃"的印象也是最近才出现的。能对人类产生"普遍性"的影响，必须是足以使人产生身体反应的颜色，但是所有的颜色都没有这样的报告，所以不存在普遍性。如果每种颜色都会让我们出现强烈的身体反应，那么在这个五彩缤纷的世界我们岂不是要受不了？

"即使不是普遍性的，如果喜欢现在的这种意象，就由此开始如何？"或许有人会有这种想法。

但是首先，如果时代和地区不同，就不知道应该使用哪种意象，所以这样毫无作用。

其次，“喜欢黄色的人的印象”之所以与“黄色的印象”本身相关联，和在音乐疗法的说明中经常使用的“同质的原理”（如伤心的时候听忧郁的歌曲更有效果等）类似。“喜欢某种意象的人，具有与这种意象相同的性格。喜欢生机勃勃的东西，往往是有活力的人。”这样说，或许会让我们觉得有道理。但是，难道没有喜欢说笑但往往把事情往糟糕的方向去想的人吗？诱惑的颜色，有时候也会触及性格的某一方面和某一瞬间的心境吧！这不过是人复杂的体现，根据喜爱的颜色进行判断，不管准不准，还是把它当成“占卜”为好。

总之，上述两点内容中的第一点，仅仅依靠色彩来判断人的性格、分析复杂心理状态的心理学是不存在的。

另外，从孩子的绘画来看，其实在开始学习色彩的时候，孩子几乎没有社会经验，所以他们对色彩的反应纯粹是一种本能的感觉。为此，一般认为孩子的画比大人的画更具有色彩的普遍意象。然而，事实并非如此。

尚未步入社会的孩子，从婴幼儿时期开始（从环境意义上来说是从胎儿时期开始）就对父母的情感和行为异常敏感，会受到其很大的影响。父母对他们来说既是社会又是环境，这是我从事心理咨询工作以后，从心底感受到的事实。孩子对于色彩的反应也如此，受到父母对色彩的无意识的反应和行为的影响（详见“粉红色”一章）。

因此，色彩的分析并不是仅靠色彩来判断的。如果是绘画，必须全面考察这幅画是在什么样的情况和过程中产生的，如用什么样的线条、以什么样的姿态、在什么样的位置等，这并不是一件简单的事情。

关于第二点“色彩给人的行为和心理带来影响”是否正确的问题，答案既可以说是，也可以说不是。经常有人问：“什么颜色可以让我和喜欢的人更投缘？”“有能让女朋友产生情欲的颜色吗？”大家也真是会胡思乱想。

可以说色彩对人有生理学方面的影响。人类的身体构造十分精妙，即使受到外界（色彩等）的刺激也不会被随意摆布，因为人体能够时常用一种稳定的感觉来感受世界。

例如，色彩的刺激一进入视线，抑制这种刺激的反对力就会起作用，甚至会使人看到和实际的物理颜色不同或现实中不存在的色彩。当然，这种反应并不局限于色彩，也算是一种影响。还有，在很多实验中，都认为红色会给肉体带来影响。

如果有生理学方面的影响，是不是对心理和行为都会产生影响呢？目前社会心理学、产业心理学、运动心理学，以及包含心理学以外内容的脑科学等，都在进行实验，来研究色彩引起的情绪和行为的变化。但是，从实验本身的严谨性来看，现代科学还是具有一定的局限性。如果科学能有更进一步的发展，我们可能会了解更多，可以对人的“内心”进行更加清晰的解析，使之可视化，但是目前还难以实现。

举个更简单的例子——料理的外观。在烤肉盘子里放上小番茄和生菜叶，从外观来看会觉得很美味。但是看上去很好吃就一定要吃吗？倒也未必。有很多不吃的理由，比如现在肚子很饱、不喜欢吃肉等。红和绿相加的结果是“看上去很好吃”，但是我们并不一定会受到影响。

试想一下，一个人在进行判断并采取行动的瞬间，包含这个人的遗传因素、过去的经历、现在的心情和现实状况等错综复杂的原因，才形成其行动的结果。表面上看似简单的行为，却是在深深的无意识、肉体及时间的基础上产生的。这个瞬间的自己，真的是非常复杂的存在。

简而言之，上述两点内容都不简单。但是，稍微脱离这两点，从生物和进化的视角来看，某一种颜色或许会给人带来某些影响，从而使某人产生只有他才有的反应。但即便如此，这种反应并非任何人、任何时候都会发生，可能只是“偶尔”才会发生。如果发现可以把这种微弱的力量最大限度地发挥出来的方法，或许会产生很大的变化。不过这也只是我个人的想法而已。

色彩会给人带来多大的影响呢？下面介绍一个英国心理学家尼古拉斯·汉弗莱的有趣实验。

首先给猴子看红色屏幕和蓝色屏幕，结果显示猴子们都非常喜欢看蓝色屏幕。刚觉得猴子们是因为喜欢蓝色才目不转睛地盯着看，而屏幕上一旦出现有趣的画面，不管是红色还是蓝色，它们都毫不在意，只盯着“有趣的”屏幕看。从感觉上来说，比起红色，猴子更喜欢蓝色，但是一旦受到外部影响，这种“感觉”便会消失。

正因为色彩和心理的关系在心理学上非常有趣，所以我个人认为，仅靠模糊不清的个人主观性发表观点，且毫无客观依据地扩散，是不妥的。不过想相信的时候去相信，也不失为一种方法。不管怎样，色彩是形式多样的。

除了这种色彩心理，也有“色彩学”这一领域。为了更好地理解色彩，需要掌握基本的信息，下面我们稍稍接触一点。

第一章 红色

红色为何如此强烈

“身着红装会增加女性魅力”“红色备受青睐”“红色口红的流行预示着景气”“红色可以治疗寒证，对低血压有疗效”……

提起红色的话题，你知道多少呢？稍作调查就会出现许多与红色相关的言论。或许这些言论有真有假，但是关于红色带来的效果，会让人觉得都是正确的。

环顾我们四周，红色无处不在，如红色信号灯、引起注意的标识、水龙头的热水标识，以及快餐店的红色招牌等。如此，红色作为引人注目的颜色、与温度及饮食密切相关的颜色被广泛应用。

红色信号灯

红色给人的总体印象是带有“强大的能量”，让人联想到爱、愤怒、热情、兴奋、危险、勇气、血液、太阳、热量等，脑海里浮现出的这些关键词都具有一种“强烈感”。强大的能量和人类的感情结合在一起，不同的人会想到不同的东西。这种“强烈感”是由色彩的浓度造成的吗？其实不然，因为蓝色和绿色虽然也很浓厚但没有红色的这种感觉，而且红色与其相近色彩的橙色和黄色也不同。总之，我们从红色中感受到的强烈感是其他颜色所没有的。

若用红光照射人体，会导致人的血压上升，眨眼次数增加，脉搏、呼吸、心跳也会加快，这些也是身体不会对其他颜色产生的反应。真是不可思议。那么，红色到底是“何方神圣”？下面还是从人类历史的发展过程来对红色稍作考察吧。

首先，从古代文明来看，红色多被用于巫术中。与红色直接相关的有血液、火焰，在日本让人想到太阳等意象，这些无一不是维持人类生命必不可少之物，尤其是血液。即便是知识有限的古代人，也能从视觉上理解红色与生死相关，目睹人和猎物的生产和死亡，他们会认为只有红色才具有最高的灵力。

因此，在全世界的古代文明中，会出现使用红色的巫术，而这些巫术大多与狩猎、战争、祈求长生、权力相关。对血的恐惧和敬畏之心，使古人利用血和红色，同时也使他们强烈地意识到“血液=红色”，即代表最高灵力。

另外，红色亦是烧尽田野、带来温暖的火焰之色。太阳，是给我们带来白昼时光、温暖和恩惠（有时候是让大地枯竭的可怕力量）的至高存在，而且太阳也是红色的。在原始文化中，有把太阳尊为“升起瞬间之神”的，而白天的太阳变成了透明的光球，是一种理所当然的存在，所以未被神化。或许是古人从太阳出现和消失（朝阳和夕阳）这种重生与消逝的瞬间才出现的“红色”中感受到了神力吧。这种崇拜火焰和太阳的古代文明也曾遍布全世界。

这些经历让人们确信“只有红色才具有最高的灵力”，并扎根于人类的文化中，进而创造出后来的红色意象。

从这种意义来说，把“红色蕴含力量”的想法说成“红色即根本”亦不为过。只是，血液、火焰和太阳在给予人类“灵力”的同时，亦带有夺人性命、烧毁并枯竭万物的可怕“魔力”。

这种积极和消极的两面性，会让人产生“强烈的爱”和“强烈的愤怒”两种完全相反的联想。例如，一些宗教中有象征“神之爱”的红色，同时也有意味着“地狱之炎”的红色。也就是说，红色给人的印象是“强烈感”，但根据不同的关联事物，会出现不同的状态。

祖先和红色一起进化

“但是，仅凭这些就能断定红色会影响人类的身体吗？让人有点怀疑啊！”这样的疑问也不无道理，那么接下来我们追溯至文明出现以前的原始时代进行分析。

象征着重要食物及其营养来源的颜色，正是血的红色。例如在狩猎过程中，如果扔的石头砸到猎物，对红色反应敏捷的人可以根据血迹迅速发现并追捕猎物，从而获得食物。

相反，当返回自己的住处时，若有同伴的血迹这种异常情景，能否尽早地注意到红色的血迹并顺利逃脱至关重要。从树上转移到诸多食肉猛兽生活的地上，只有对这些情况反应迅速的人才能幸存。

遇到这种紧迫状态频发的情况，看到红色血迹还在那儿发呆愣神是绝对不行的。一看到红色就应该立刻追赶或逃跑。或许是预感到红色引起了什么状况，使得他们的身体因兴奋和紧张而血流加快、呼吸急促、肌肉收缩，这种状态是时刻准备着立刻行动的身体。咦？莫非因此身体会对红光做出反应？

阿尔塔米拉野牛（西班牙洞穴壁画）

俄罗斯科学家S.V. 库拉科布在1951年指出，红色刺激交感神经，蓝色刺激副交感神经。受此影响，罗伯特·杰拉德在其心理学的博士论文中进一步阐述：当看到红色和蓝色等颜色时，人的自主神经系统的功能和皮肤的活动，会在主观感觉上发生变化。

这种交感神经是自主神经的一种，会因紧张等因素被激活，被称为“斗争和逃跑的神经”。人类的进化是非常合理的，我们的身体会对红色产生反应，这一点若被写入进化设计图中，人类就会更容易生存下去吧。

此外，从我们的眼睛功能来看，也可以得出同样的推论。实际上，眼睛在朝着让我们更容易看到红色的方向不断进化。大家知道“扩张色”这个词吗？指的是在相同的距离放置不同的颜色，由于颜色的不同会让人产生距离不一样的感觉。感觉距离近的颜色是扩张色，感觉距离远的颜色是收缩色，而扩张色的代表就是红色。

在色彩学的课堂上，老师经常会讲到红色“带有这样的特征”，但是这样说总觉得语感不太一样。并不是红色原本就“有这种特征”，而是“人类的眼睛不断进化”的结果，使红色最先映入我们的眼帘。

人类对红色的反应受到“红色”体验的影响，比如与血液相关的各种各样的“事件”、火灾等重大事件。红色作为一种给人强烈能量的印象固定下来，也起源于人类和红色的历史发展。

下面介绍一篇研究报告，供大家想象“红色的体验”是一种多么紧迫的状态。这是一个用来验证“红色”成为导火线，人类发挥“火场拼命三郎”精神的实验。

实验是美国罗切斯特大学进行的，在实验对象看完红色和其他颜色之后，围绕他们的工作速度和握力等力量强度的差别进行了调查。结果表明，看完红色的人速度更快、力量更强。

日本科学家也经常进行相关的实验，例如在不同色彩的光线下，进行敏捷性的测量和动作正确度的测试，结果依然是红色最能使人发挥力量。

不仅是身体能力，其他方面也是如此。在加拿大不列颠哥伦比亚大学进行了把电脑画面设置成红色和蓝色分别操作的实验，结果表明，在要求正确性的周密作业中（蓝色是在创造性的作业中），红色获得了高分。只是，这个实验的研究者认为，或许这是红色在现代社会中被应用于唤起注意的结果。这是从远古时期的经历被编入进化设计图的反应，还是根据社会经验做出的反应？的确很难断定。

不言而喻，这样的研究在实验程序和再现性等方面还有待检验。但是，眼睛功能的进化的确使我们从很远的地方就能看到红色。若考虑到肌肉的紧张反应等因素，认为红色在提高生存率方面起到了重要作用也不是无稽之谈。或许可以说人类在“红色”中找到了与其他颜色所不同的意义。

黑猩猩不需要红色口红

只要电视上播放有关自然界生物的节目，我就会不由自主地去观看，因为我对此很感兴趣。比如，为吸引雌性而本能地展翅飞舞的鸟、不用教也知道觅食方法的雏鸟等。

地球上的生物具有的本能行为，从现代生物学角度来说是遗传性的，即出生前已经具备的“先天性”行为。关于这种本能行为，从进化过程中出现的“带有色觉的生物”这个角度来看，必定会把色彩信息和本能行为联系在一起，这是个体和种类的保存、繁荣方面最大限度地活用和进化的结果。

以三刺鱼为例，雄性到了繁殖期腹部位置会变红，并占据一块领地繁殖。通过实验可知，在靠近精巧的三刺鱼模型时没有反应的

三刺鱼

雄性，在靠近类似于腹部是红色的鱼状模型时却会进行攻击。这是因为雄性三刺鱼并不是依靠“看”来判断是不是同类，而是受到“颜色的刺激”，在关乎生存的重大事情上激发出本能行为。

再以银鸥为例，雏银鸥通过啄双亲的喙来索要食物，双亲受此刺激把食物吐出来喂它们。实验显示，在改变双亲的喙等部位的颜色和形状后，正常的雏银鸥会对下喙部的一处红色斑点产生反应。而对父母喙部的红色斑点不产生反应的雏银鸥，无法获得食物，很多都饿死了。

我们把引起这种本能行为的刺激叫作“关键刺激”或者“信号刺激”。这种刺激大多比较单一，但也并非只有一种，还会见到种类繁多的、几种因素组合在一起的信号刺激。如除了颜色之外，还有形状、行为等对视觉的刺激，以及声音对听觉、气味对嗅觉、触感对触觉的刺激。

银鸥

或许你会说：这不都是关于鱼呀鸟呀之类的言论嘛！其实，哺乳类动物也是一样的。以和人类最相近的黑猩猩为例，黑猩猩到了发情期，雌性生殖器周围的皮肤会充血红肿，雄性看到这种红色就会明白是时候与其繁衍后嗣了，这也是由颜色发出的信号刺激。怎么样？这和鱼、鸟是一样的吧？

但是，同样在不断进化的人类祖先，开始直立行走后就遇到了难事，那就是看不到屁股的红色信号刺激了。到底什么时候是发情期呢？这可是关乎物种能否延续下去的大事。关于解决办法，动物行为学家德斯蒙德·莫里斯提出了一种说法，大致内容如下：

人类直立行走后，进行面对面的交流，像生殖器刺激这样的信号刺激，就转换到了身体的正面。因此，发育成熟后正面的乳房会凸起，用来代替红肿的下半身。另外，“唇”也发育成为女性外部生殖器的拟态。

的确，黑猩猩的胸部没有凸起，因为黑猩猩有更强力、更明快的刺激。关于人类的特殊的生殖状态，在学术上的疑问尚未真正解决，目前只处于各种推论状态。

我们姑且认为，人类的信号刺激在直立行走后转换到了身体的正面。正因为看得见，所以更容易获知发情期吧。如胸部红肿、嘴唇红肿。听起来好可怕，但实际上并不会变成这样，而是让人感觉好像知道又好像不知道，似懂非懂。

关于这种“被隐藏了的雌性发情期”，有学者认为这与人类独自的集团形成、家族构成以及雄性和雌性的角色（不知道什么时候是发情期，雄性需要时常伴随在雌性左右，雌性会觉得受到雄性的庇护，也有利于二者齐心协力生儿育女）有关。所谓进化，其实是一步步行走在具有策略性的道路上。

正是由于这种进化，人类从动物变成了“人”这种带有智慧的生物，衍生出同时具备动物身体和思考精神两种完全不同的能力，并时常在这两种能力间纠缠不休。实在太不容易了，真是让我们不得不进行思考啊！

这个先暂且不论。据说在古代的妆容中，口红是从红色开始的，这与替代信号刺激的“唇说”巧妙衔接，非常有趣。也就是说，直立行走从侧面促进了进化，诞生了文明。而女性则创造出一种新策略，即像口红那样用色彩来强化关键刺激性要素，然后将其一步步渗透到社会中。

例如古埃及女性的妆容使用了许多不同的色彩，而全世界想强调的双唇的重要性，在无意识中促进了红色的使用，这是复杂的进化结果。那么，受双唇刺激的男性应该如何呢？

在很多文化中，唇被认为是恶魔进入之处，所以为防止恶魔的进入，要使用具有灵力的红色阻止。是不是有一石二鸟的功效？

有人认为红色不仅是女性口红的颜色，还是“招惹异性的颜色”，即对男女来说红色都是“流行色”。

在美国罗切斯特大学，2008年以男性为实验对象，2010年以女性为实验对象，分别进行了“看起来有魅力的颜色”的实验。在不改变异性人物的情况下，变换该人物的背景和服装颜色，让实验对象观看他们的照片，结果男女都回答与红色背景或服装相关的人看起来更有魅力。

只是，“有魅力”是翻译成日文后的意思，实际上是“外表和性的魅力”，与内心的体贴和知性等并无关系。这对于认真考虑未来的人来说有何意义呢？可以作为一种参考吗？

而且，该实验是只看照片进行回答，这是一种观看印刷品的感觉吧！不过，美丽的外表和内心的美成正比是幻想的前提。这种不伴随“现实感”的感觉和见面后亲身感受到的现实性判断往往会产生差距，这是我们经常会遇到的情况。正在想要不要和对方交往的时候，看到对方身着红

《宝石系列联画——红宝石》 穆夏

装而来，女性大概会认为这是一个“自恋男”，男性则会觉得“花里胡哨”。这样看来，或许红色这种流行色只适合品位高的人吧，使用方法也是很重要的啊！

回到最初的话题，“身着红装会增加女性魅力”“红色备受青睐”，从对异性的魅力度这个层面来看，似乎并不简单，虽然红色可能是刺激“性”的感觉的颜色。这么说来，我又想到一个实验，2015 年英国杜伦大学的实验报告结果显示，“身穿红色衣服的男性更具有攻击性、威慑力、支配性和易怒性”。美国和英国的实验结果的差异，是国情导致的吗？不，这只能说明囫囵吞枣地利用实验结果是难以达到效果的。真正的流行色是锁定目标，理解对方的喜好，在此基础上应用色彩战略才对吧！

无论什么年代都需要时髦女子

“红色口红的流行代表着经济景气”，这句话是有人想掀起新的口红热潮而发起的一个话题？这么说或许是一孔之见。

事实上，不管杂志如何炒作红色口红的流行，大红色的口红都不是人气色号，正可谓“笛子吹了未见跳”。根据某信息杂志的调查，无论男性还是女性都喜欢粉色系口红，即便在经济景气的时候亦是如此。因为强烈的色彩总是容易让人敬而远之。也就是说，口红色号的流行和经济状况无关。

最近的日本女性不怎么选择红色口红，或许是受到日本男性的喜好及日本社会环境的影响。

在欧美社会，容貌妩媚和肉体发育成熟的女性备受欢迎，而日本则是喜好“可爱”的社会。漫画杂志中出现的女孩，有着天真无邪的面孔，整体感觉虽然有些稚嫩，但身材前凸后翘，这便是“理想的身材”。另外，受欢迎的偶像团体成员，即便是二十多岁也拥有“少女”般的容颜。

在美国的电视剧里，十几岁的主人公却看着像二十多岁。如果将美国女孩和日本女孩的模样进行对比，差别一目了然。这和日本人喜爱的女性标准截然不同。

一方面，因为日本人拥有这样的女性观，所以代表强势和成熟风情的红色口红，是年轻男性列举出的“NG”妆容。或许在写真集中涂抹红色口红的女郎看着颇为性感，但是如果她真的坐在你面前你会不会觉得心跳加快？或者觉得过于直截了当而感到有些不安？可能还有人觉得过于花哨。

另一方面，调查结果显示，35 岁以上的男性，虽然人数不多，但认为红色口红性感妩媚的支持者在逐渐增加。到了这个年纪，终于有一部分人认可成熟女性、有存在感的女性了吗？多数男性寻求的“可爱女性”的理想模样已渗透到社会中，也给女性的价值观带来了影响。

另外，在日本，无论男女，都对明确主张自己意见的人充满警戒心。最近这段时间，人们对“引人注目”充满了反感，因此像红色这种带有强烈自我主张的颜色，在使用时会让人感觉难以把握。

如果穿正装与和服，那就离不开红色口红，因为日本的传统口红使用了红花这种大红的颜色。在正式的场合，人们仍然保留着古老的传统习俗。因此，虽然叫作“口的红”，但作为词汇来说和其他国家相似。

日语里意为口红的法语说法是“rouge”，这个词是带有红色的意思，法语的口红则是“Rouge A Levres（唇之红）”，同样是拉丁语系的意大利语口红一词“rossetto”为红色之意。在日耳曼语系的英语和德语中，口红是“lip stick（英语为唇之棒，德语为唇之针）”，在这么直接的表达中并未出现颜色，其不同之处相当有趣。

综观与红色密切相关的化妆领域，现在每到换季时包括口红在内，都会出现新色彩和新妆容的方案，从前的女性对化妆也是别出心裁。

在江户时代的日本，町人文化兴盛，甚至出版了关于美容法、化妆法的手册。特别是关于“红”的使用方法，除了口红、腮红，在眼影、粉底和美甲中，红色也异常活跃，这个时代大家都非常喜欢华丽且有女人味的红色。

歌舞伎中男旦的妆容，通常会在眼睛周围涂上浓烈的红色，这是被称为“目弹”的红色眼妆。另外，不仅是腮红，也有在白色粉底上涂红色使其变为浅粉色的方法。这和现在几乎如出一辙。但是到了江户时代中期，由于艺伎们不再使用腮红，于是腮红在町人家的姑娘之间也不再流行。大家对流行都颇为敏感啊！

另外，叫作“指红”的红色指甲，原本是身份地位高的女性在指尖装饰成点状的化妆法，后来老百姓也开始模仿。由此可见，尽管时代不同，但女性对化妆的热情是一样的。

说起江户时代的女性，就会想到浮世绘中的美女。2012 年，人们发现了第二次世界大战后下落不明的喜多川歌麿的大作——《深川之雪》，里面描绘了许多美丽的艺伎和艺人，但我想让大家注意的是嘴部仅有下唇涂着绿色的女性。这是当时流行的化妆法，叫作

《深川之雪》 喜多川歌麿

“笹色红”，是重复涂抹优质口红才会呈现出来的闪亮的青绿色。这大概就是我们现在所说的充满珍珠感和弹性感的表现吧！

实际上，重复涂抹真正的口红，会出现金属既视感的颜色，嘴唇会变得漂亮且有特点。但是，在当时口红属于高级奢侈品，一次次地涂抹上等口红，一般人很难做到。

于是，町人家的姑娘们发明了一种新的化妆技巧，首先在下唇涂上黑色，然后涂上红色，虽然不会出现玉虫色[1]那样的金属感，但是看着就像是发绿的红色。真是巧妙！可见，自古以来，爱美女子的想法就具有独创性。

浮世绘中涂抹玉虫色口红的仕女

当时口红的购买方式是，把小酒盅和贝壳等小容器拿到店里，付钱让店家用毛刷涂抹些红色素，然后自己再一点点用笔调开后使用。

另外，还有便于携带的“板红”，就是在小块漆板上

① 玉虫色，日语中的色彩名称，指一种特殊的红色，忽绿忽紫的颜色。

涂上红色素，类似现在的棒状口红。后来不断发展为装饰性的工艺品，印有可爱的图案和设计，还被制作成精良的莳绘和透明雕刻等，上面绘有花朵、蝴蝶和果实等。

这在现代也绝对是女人想要的佳品，在日本有许多无名匠人留下的名品。女孩喜爱的东西至今都没有变啊！

朱色与古代人的心理

除了“赤”之外，我们在日常生活中还会使用其他的红色色名。例如，“朱肉”的“朱色”，“口红”的“红色”，以及《茜红色的约定》（音乐组合生物股长演唱）等歌曲中经常出现的“茜红色”。这些都是自古以来日本使用的色彩名称，其中大多数的名称直接借用了染色或涂色时用的“着色材料”的说法。

着色材料大体上可以分为两种，即“颜料”和“染料”。

“朱色”的“朱”是不溶解于水等物质的大颗粒“颜料”。由于无法溶解，需要像糨糊一样的东西（黏合剂）把它们黏在一起，例如把黏合剂石蜡和颜料融合在一起，制作的棒状物就成了蜡笔。旧石器时代的洞窟壁画，是把动物的脂肪、血液和植物的汁液等当作黏合剂，使用土和矿物构成的天然颜料创作而成的。

“红色”的“红”是一种粒子很小、可溶于水和油的“染料”，通常用于印染布和纸。在日本说起染料，或许大家脑海里首先浮现的是“靛染”吧！天然的染料以植物为主提取，也有的是从虫类和贝类中提取。

在人类历史上存在的染色剂中，最早出现的是颜料。目前还不清楚这是用作壁画还是用作身体装饰。在南非的洞穴中，发现了人类最古老的颜料——内侧黏着红色粉末的鲍鱼壳，据说距今已有10万年，而且周围还残留着制作颜料的工具。也就是说，当时鲍鱼壳充当了调色盘的作用，用来制作“红色颜料”。这真是一个了不起的发现啊！可见，与现代人类紧密相关的智人以非洲为起点，在当时已经开始使用鲜艳的红色颜料了。

初期使用的红色，是赤土中含有铁元素而出现的颜色。你见过铁钉的锈吗？对，就是铁锈那样的颜色。如果用火烧，这种红色会变得更加明显，在日本也有称作“赭”（现代称为铁丹、代赭）的带有铁元素的赤土，是从旧石器时代开始使用的。陶器中经常见到的从暗红色到鲜亮的橘红色，都用到了“赭”，它作为红色颜料在古代经常被使用。

在绳文时代后期，出现了由硫化水银制作的朱砂（还有“辰砂”“朱”“丹”等叫法）。从暗色到鲜艳的橘红色均可以用朱砂获得，它和赤土一样，是自古以来在全世界被广泛应用的天然颜料。我认为红色颜料是人类第一次有意识地使用的颜料。这一点体现在欧洲和亚洲的洞穴壁画中，以及在全世界范围内发现的石器、人骨和埋葬场所等残留的颜料中。我们的祖先从远古时代开始就在不同的地域使用红色，他们寻找可以变成红色颜料的东西并加以利用，他们相信红色带有强烈的神力。因此，在全世界都能见到把死者的骨头、衣服、埋葬场所和埋葬品涂成红色的“施朱”习俗。这种用于守护死者、祈祷死者复苏的对红色的信仰，从数万年前就开始了。

另外，朱砂也是必不可少的。在埃及金字塔中，朱砂曾用作颜料，而作为防腐剂其效果同样出类拔萃。红色的神力在某种意义上来说，是祈祷死者的守护和复活，而在使用朱砂之后，发现它真的具有防腐的效果。

1958 年在东京增上寺德川将军家灵庙，专家们对历代将军的棺柩进行了调查研究，有报告称这里发现了大量的朱砂，可见在江户时代也使用朱砂。记录显示，12 代将军家庆的遗体由于朱砂的防腐效果，其状态几乎和刚去世时毫无差异，甚至连肌肤的颜色都还保持着原样。朱砂的防腐效果真是令人惊叹啊！

此外，殁于 1712 年的 6 代将军家宣，其遗体被发现时已经过了 246 年，但仍保持得非常好。这都是依靠朱砂的力量。朱砂竟然有这样的功效，在现在看来也是令人震撼的。

总之，朱砂不仅可以作为血液颜色的意象，而且具备实际的红色颜料的功能。不难想象，这一事实给古代人的内心带来了多么大的影响。

这种红色的神化传统是日本自古以来就存在的，在日本人身边经常能见到的就是神社的鸟居等。例如，京都的风景名胜，最受游客喜爱的地方——伏见稻荷大社，神社里的建筑物整体看上去都是朱色，即便是日本人也为千本鸟居的异次元冲击力所折服。

这种神秘的印象，还是和朱色有关系吧！许多神社都把朱色当作与魔力相对抗的颜色，而在伏见稻荷大社，作为五谷丰登之神，朱色亦是象征丰收的颜色。

神社的红之所以是橘红色，或许是因为当时的建筑物上涂抹的颜料是赭（红丹）和朱砂，二者都是略微发黄的赤色。但是这种颜色与其说是血液之赤，倒不如说是太阳之赤。日本的最高神天照大神是太阳神，如果从这点来考虑，就会觉得神社之赤非朱色莫属。

京都伏见稻荷大社千本鸟居

《万叶集》中的枕词[1]——茜红色

由南非的发现可知，人类最早的颜料出现在10万年前，那么染料呢？

纤维和洞窟壁画不同，其特点在于分解之后没有残留物质。尽管如此，人们还是从格鲁吉亚的洞穴中发现了距今约3.4万年的世界最早的亚麻纤维。这种纤维被认为是编织绳和衣服用的线，还有被染成黑色和灰色的痕迹。虽然不清楚染色是否别有寓意，但如果古代人已经产生将身边之物“上色”的欲求，那么或许这就不仅仅是巫术性质了。

最初的染色和现在不同，其方法是直接用花草进行的“摺染”，因此很快就会褪色。

染色不仅仅是因为染料的发现，还有对发色及着色的技术性错误试验。当时以古埃及为代表的中东地区的染色技术尤为发达。一般来说，人类最古老的染料之一仍是红色，红花和茜草等植物自古以来就被用作红色染料。

红色的代表染料之一是茜草。茜草是在日本、中国和朝鲜半岛

---

① 枕词，冠词。见于日本古时歌文中，用于修辞，尤指和歌等中，冠于特定词语前而用于修饰或调整语句的词语。

等亚洲地区生长的红根植物。“赤 + 根 = 茜红”，美丽的橘红色就是从其根部提取制作的。

在学界主要有两种意见：一种认为这种染色技法是古坟时代[①]传到日本的；另一种认为该技术在绳文时代就已经很发达。不管怎么说，茜红色是日本人喜爱的颜色，在《万叶集》中相关的和歌多达 13 首。

学生时代必学的一首额田王[②]的和歌，非常有名。“あかねさす 紫野行き 標野行き 野守は見ずや 君が振袖る（茜色夕阳下，你走过紫草的野地，徘徊于皇家的禁地，守卫是否看到你向我挥动衣袖）。”

还有“あかねさす 昼は物思ひ ぬばたまの 夜はすがらに 音のみし泣かゆ（白天想念着你，夜晚思念着你，不由得放声哭泣）”。歌中哭泣的人是中臣宅守，他被流放之后，抑制不住对自己仰慕的女性的思念之情。和歌中的“あかねさす”是“日、昼、紫、君”的枕词，意为被夕阳渲染的天空闪耀着茜红色的光芒。这首和歌中出现了“昼”，表示映照出美丽的光彩，暗含赞美美丽的“紫”和对方之意，所以也是“君”的枕词。

---

① 又称大和时代，日本继弥生时代之后的时代，因当时统治者大量营建“古坟”而得名。

② 额田王，日本 7 世纪左右伊贺出身的才女，美丽贤淑，多才多艺，是当时最负盛名的女歌人。

茜草作为中药药材广为人知，具有止血、活血等疗效，也可以调节女性月经不调等诸多症状。虽然令人不可思议，但是红色染料的原料对于与血液相关的症状真的有效果。

尽管如此，在远古时代什么东西能吃、什么东西不能吃，也是有人尝试过之后才知道的，进而渐渐传播开来。在没有药物的时代，植物最初是被作为食材，然后人们才慢慢发现它们有治病疗伤的功效。如果经常放在身边，在当作食材和治病的同时，应该也会发现有些植物具有染料的作用吧。

总感觉身体状况得到改善的药效体验，由于某种原因而显色的色彩体验，以及“血液之赤”等先行存在的颜色的印象，这些体验和印象相结合，所以古代人的“色彩象征性”的感受不断增强，这与我们现代人带有的以红色为代表的色彩印象有直接或间接的关联。

茜草的止血效果或许也是在紧急情况下由某个古代人发现的，认为“茜草颜色和血液颜色相近，或许可以止血”，抱着这种渺茫的希望去尝试的。当然，这种推测谁也无法验证。

“赤”这一色名表达了古代日本人的感觉

“赤”这个名字从何而来呢?

在古代日本，除了从染料、颜料而来的色名之外，剩下的只有

“赤、白、蓝、黑”四色，这些都是日本表达颜色用语的基本色名。一般认为，这些色名原本并不是颜色的名字，我们看到光感受到的世界的“明”“显”“漠”“暗”是这些色名的语源。

“明”读作“アカ”，是形容太阳升起、世界变亮的词语，这正是“赤（アカ）”的语源，我后面会进行详细的说明。

“显”是指在白天能清楚地看到事物的状态，是充满阳光的样子。在日语里有“いちじるしい（显著的）”一词，在古代说成“いちしるし”，“しるし”表示“清楚明了”，因此成了“白”的语源。

到了傍晚，光线变暗，成了“模糊不清”的世界，万物处于漠然的状态。蓝作为颜色，可以用来代替绿色、灰色、黑色甚至白色，它是一种无法明确的“漠然”之色。或许，正是如此，“漠”成了“蓝”的语源。不过关于这一点众说纷纭，有人认为从词汇意思来说像天空的颜色，于是蓝从“仰望天空”中的“仰望”衍生而来，也有人认为是从蓝染的染料——蓝变化而来的。

太阳落山、光线消失的状态是“暗”。一般来说，“昏暗”和“日暮”代表着“黑”，但是关于黑的语源，不同的研究者也提出了不同的见解。

那么，说起赤的语源“明”，在《万叶集》中有“明星の明くる朝”的和歌，之后的古典文学《大和物语》中也出现了“月もいと限りなく明るくて”，里面的“明”指的不是白色，而是表达光的亮度的词语。随着时代的推移，在《拾遗集》中出现了这样一首和歌："白妙の白き月をも紅の色をもなどかあかしといふらむ"。和歌中的"明かし"与明亮之意、颜色中的"赤し"都有关联。

到了镰仓时代，也有类似的和歌出现。"あかあかや　あかあかあかや　あかあかや　あかあかあかや　あかあかや月"，这首和歌是明惠僧人所作，他因独特的个性和强烈的信念而出名，也被称为"月之歌人"。和歌的大概意思是："好明亮啊！啊！真是太明亮了！明亮的明亮的溢满光明的月亮哟！"望着明亮的月亮发出感叹，无论怎么表达都觉得不足以表现这种明亮（也有人认为这是在咏唱佛学的深层意蕴）。和歌中的"アカ"所指的也不是"赤"这种颜色。

原本对日本人来说，"アカ"指的是光的亮度，以我们现代的感觉来看，是一种白色和黄色相结合、不会觉得奇怪的感觉。但是，在古代日本，虽然有语言但没有文字，于是从中国传来的汉字与大和语言结合在一起，"アカ"就同时具备了两种含义，即"亮度"和在中国被视为神圣颜色的"赤"。

随着时间的推移，在日常生活中一提起"アカ"，更多的时候指的是颜色。太阳升起、天变亮的时候，人们会看到到红色的朝阳，所以把亮度和颜色混同使用也是自然而然的事情。

或许有人会问："啊，所以呢？"是的，在画太阳的时候，世界上大多数国家的孩子会使用黄色，日本的孩子却会画出红色的太阳。

当然，这应该是受到“日章旗”的影响吧！但是，我们或许可以认为“日章旗”的原型即“太阳是红色的（アカい）”这种感觉，是因为在日本原本就有“太阳是亮的（アカし）”的说法。

也就是说，最开始的用法不是太阳是红色的，而是太阳是明亮的，这和其他国家是一样的。但是，在日本“明”和“赤”渐渐地被混同，于是太阳的颜色就固定为红色了。我个人认为这样想也未尝不可。

如此一来，前面提到的枕词“あかねさす”，现代一般解释为“夕阳下的天空，被染成美丽的茜红色”。但其实“あかねさす”经常与表示黑夜和昏暗的枕词“ぬばたまの（黑色的）”相对使用。而且《万叶集》时代的“アカ”更多的时候是指“明”。因此，“あかねさす”与“ぬばたま”相对，成了“日、昼”的枕词，而关于天空颜色的意象是后来才添加的。我认为这样想会更加自然，你觉得呢？

据说在欧洲，包括英语中的“red”在内表达红色的词语，语源大都是印欧语系中意味着血液的词汇。由此可见，把捕捉动物看得极为重要、赋予血液重大意义的狩猎民族，和拥有太阳信仰、认为太阳的存在对季节和气候起决定作用的农耕民族——大和民族有很大的不同。

把太阳与“透明之光”的白色和黄色联系在一起并不违和，但日本人却将其与“具有强烈法力的红色”联系在一起，这种感觉正是日本人的感受性和原风景。大概是因为仰望的天空被染成大片红色的情景，会让人不由得感受到一种神圣而伟大的力量吧！我们的祖先看到流淌于人体内的血液之赤把天空也染成红色的情景，他们认为这是令人恐惧的，或是不可思议的，又或是美丽的，总之是让人深有感触的复杂体验。

有关红色的这种体验性感觉也体现在一些词语里，例如“赤の他人（陌生人）”一词中使用的“赤”是指太阳升起的状态，表示明亮之意。赤中带有“明らか（清楚明白）”的意思，所以“赤の他人”的意思是“清楚地知道是他人，是毫无关系的人”。

“赤裸々（赤裸裸）”与“真っ赤なウソ（弥天大谎）”也和“明らか（清楚明白）”一样，“赤”表达了类似于“完全”“无一例外”

日出

的状态。这些用法也和“纯粹的”这种词汇相关联。

一般来说，让人不可思议的是“赤ちゃん（婴儿）”这个词。赤是“清楚的”“明亮的”，是没有其他东西混入的一种状态，带有“纯粹”之意。有人认为，刚出生的婴儿是“纯粹的存在”，所以有“赤ちゃん”这种说法。此外，也有人认为，“赤”是表达能量本身的颜色，而刚出生的婴儿正是能量聚集体，所以有此说法。还有人说是因为出生时的婴儿皮肤泛着红色，总之众说纷纭。考虑到古代的生育条件，应该是从“赤”衍生出的说法吧！当然，事实如何，我们不得而知。

从“赤”这一色名的历史来看，“アカ”给人的感觉是打破人类畏惧的“黑暗”之力，这种力量是光，而与这种最强力量相称的颜色就是赤。这是我的理解。

红和末摘花

赤的代表性天然染料是做成口红的“红”，它是从原产于埃及和西亚的菊科植物“红花”的橙色花瓣中分离出红色和黄色色素，进而提取出来的一种鲜艳的色彩。我们生活中常用的“红花油”实际上也是取自这种红花。

为了让红花展现出漂亮的色泽，需要不断地进行水洗、发酵等

红花

多道程序及高超的技术。人们发现了在4000~5000年前的古埃及用红花染的缠裹木乃伊的布，这证明当时的埃及已经具有先进的技术。

另外，人们还认为这种“红色素”可以作为防虫药、防腐药来用，这对于死者必须用朱砂等红色材料来守护的思想，更是起到了推波助澜的作用。实际上，红花中含有的黄色色素才具有防虫、防腐的效果。如果当时的人们确实感受到这些效果，实际上这并不是红色的作用，而是其中含有少量黄色色素的原因。

红花通过丝绸之路进入中国，之后又由中国传入日本。据研究，红花作为中药和染料是在2~3世纪或者5世纪时传入日本的。“红”也可读作“くれない”，起源于“从吴国（中国）传来的蓝”。当时染料的总称是“蓝”，所以其叫法就成了吴之蓝、“くれない”。

此外，红花也有“末摘花”的叫法，听到这个是不是想起了《源氏物语》呢？在英俊的光源氏和美丽的小姐们的故事里，唯一一个容貌丑、品位差、土里土气又不机灵，总之被描写成最糟糕的小姐的绰号就是“末摘花”。

她是贫穷的没落贵族，作者紫式部对于该小姐的描写着实让人惊讶：坐着的时候上半身极长，鼻子像大象鼻一样又高又长地耷拉着，鼻头还有些泛红，服装的搭配也很奇怪，思想守旧又缺乏教养。她的一切都十分丑陋，令光源氏震惊不已。但是，这在当时被看作穿插的笑话，在现代来说，或许是类似“吐槽”的感觉。但是，老实说这些描写着实有些严苛了。总之，这里的重点是鼻尖的红色。

据辞典解释，红花是“花从茎的末端（顶端）开始绽放，（为了做染料）从顶端开始按照顺序摘取”。另外，“花瓣的根部是黄色，顶端是红色”，所以叫作“末摘花”。“花端（末梢）”和“鼻尖”联系在了一起。

光源氏曾咏唱一首和歌：“なつかしき　色ともなしに　何にこの　末摘花を　袖に触れけむ（明知此色无人爱，何必栽培末摘花）。”话虽如此，由于末摘花过于可怜，光源氏偶尔也会到访。最后末摘花在贫困的生活中一直痴痴等待，她坚信光源氏会再度归来，光源氏得知这一切后大为触动，于是将末摘花接回来照顾。

起到教化作用的末摘花，穿着流行的淡红色和服，紫式部将其描述成“让人无法忍受的”和“让人目瞪口呆的”。没有品位和无知在当时是致命伤，同时也透露出没落贵族的处境。

光源氏所在的平安时代，贵族们热爱鲜艳浓烈的色彩，并拼命地将这些色彩渲染得更为浓烈。他们相互攀比，过度渲染，导致鲜艳的色彩竟成了如黑色般的颜色。最终，宫廷中充满了清一色身着黑色服饰的人，这听起来简直就像笑话。

在现代日本备受欢迎的粉红色，在当时也是赤色的替代品，是赤色的一部分。这也是理所当然的，因为在当时想要把红色染得漂亮并非易事。收集 1 千克红花的花瓣最多只能得到 3~5 克的染料，而染一匹绢（2 段），一次就需要用 12 千克花瓣，想要染成红色还要重复漂染 6~12 次。由此可见，染制美丽的红色是一件多么不容易的事啊！

为此，在平安时代红色是禁色（只允许地位高的人使用的颜色）。但是，昂贵美丽的色彩人人向往，无论如何严格监管，还是会有人触犯禁忌，于是“一斤染”的淡粉色被当作例外，成为“许可色”。

这种颜色是用 600 克红花漂染一匹绢制成的，可想而知，是一种非常浅的粉色。在当时，人们渴望得到哪怕是和红色相近的颜色。男性喜爱深色是因为这是权力的象征，年轻女性向往“色彩”，所以即便是“许可色”也备受欢迎。

紫式部的父亲是学者，她自己也是位才女，能读懂当时女性不懂的汉文。在那个时代，对女性审美意识和常识的要求是知道“穿衣规则”，并能运用自如。那么，没有才智、没有品位的女性难道就是不可饶恕的吗？还是紫式部把她感受到的当时女性处境的焦躁体现在对末摘花小姐的苛求上？又或者是表达隐藏在笑容背后的女性处境的艰辛？其真实想法不得而知，但是一提到“红”和“末摘花”，就会不由自主地想起拥有高度审美意识的才女紫式部。

自古以来，红花也可以作为药物来使用。据 1 世纪前后的资料记载，古罗马把从红花种子中提取出来的油用作止泻剂，印度将红花用作治疗风湿和皮肤瘙痒的药，此外把红花煎熬后亦可治疗儿童麻疹和皮肤炎症。

在日本，红花也被当作药材，据说有促进血液循环、净化血液的作用，可以治疗月经不调、月经痛、手脚冰凉、更年期障碍等症状，还可以治疗高血压、动脉硬化、皮肤粗糙等，甚至可以用于跌打损伤。本章开始部分写到的“红色可以治疗寒证，对低血压有疗效”，指的正是红花的疗效。

用“红”染的布包裹身体，身体会感觉很暖和，所以女性的和服内衣和围腰多使用红色。时代剧中经常会出现花魁身着性感的红色和服内衣的场景。另外，还有红色的足袋和孩子的围腰。金太郎的红色围腰，一是起到辟邪、守护孩子的作用，二是父母用它保护心爱的孩子，不让他们的腹部受凉。

事实上，红布真的更有保温效果吗？还是说这是从红色衍生出的感觉？这很难说清楚。不管怎样，几千年来人类代代相传的知识，有很多是值得我们学习的。

红色的绘画、红色的画家

近代以来，西洋画从描绘真实世界的写实主义中解放后，红色出现在许多印象派作品中。

例如，著名画家蒙克的《呐喊》中，天空中蜿蜒起伏的强烈的血红色，让我们感受到他的恐惧，感觉像是要把我们拽进那个恐怖的世界。蒙德里安的几何抽象风格的“构图”系列，用黑色线条切分的方块中，红色彰显了色彩的本质，是最醒目的部分。

莫奈晚年的作品与其青年时代的作品相比，用色差异较大。他晚年的代表作品之一《玫瑰棚架下的小路》，用红色等暖色描绘了一幅热烈似燃烧的画面。由于白内障几近失明的莫奈，如何释放疾

《玫瑰棚架下的小路》 莫奈

病带来的压抑或许只有他本人知道。但是远看他的这幅画，不由得让人感觉一个令人震撼的美丽世界忽然出现在眼前，同时向我们传达了莫奈想要绘画的意志和对美的强烈感知力。

以上这些都是由红色创造出的世界。尽管红色给观赏者带来的印象多种多样，但共同点大概是给我们带来强大的能量吧！从这些画家用各种各样的红色传达的感情中，我们更加明白不能单纯地把色彩表达的感情和印象相统一。

那么，听到“红色”，你脑海里会浮现出哪位画家呢？我想到的是20世纪德国表现主义大师埃米尔·诺尔德。他的作品最初会让人感觉“强烈的赤之美”，但一般来说让人印象更为深刻的还是赫赫有名的野兽派画家亨利·马蒂斯。

自由的用色、纯粹色彩的强烈冲击、激烈的笔触，这些表现方法构成了“野兽派”。这个词本身就给人情感粗暴、本能的印象，而马蒂斯自身则是完全相反的性格。他原本以律师职业为目标学习法律，也曾在法律事务所工作，是个严肃认真的人。他在21岁的时候，由于阑尾炎而长期住院，在此期间，他意识到画画是一件非常快乐的事。

这位起步较晚的画家穷其一生，认真完成上下午的任务，生活极其规律。说他是画家，倒不如说他更像是严谨的研究者。实际上他并不是直接将感情诉诸绘画中，而是不断地对色彩、结构、技法等进行研究、实验以及再构造，通过这些手法进行绘画创作。

例如，马蒂斯的代表作《红色的和谐》以鲜艳的红色画面广为人知，画中的墙壁和餐桌为红色一体，尽情地发挥了红色的效果，是“野兽派”代表作。但是，据说这幅作品最初用的是蓝色和蓝绿色，后来又用红色重涂，是深思熟虑后的结果。马蒂斯的画法，贯穿于其作品的始终。

我认为，马蒂斯并未完全服从色彩，如果不能将内心深处的感情拖拽到现实中，并升华为理智的、有条理的均衡美，画面就无法令其满意，所以他特别追求画面的构成。或许正因如此，他与直接把色彩和感情联系在一起的画家不同。马蒂斯给人的印象是，无法单纯地从他的绘画中解读其内心，好像会被什么阻隔。

《红色的和谐》马蒂斯

马蒂斯的画家生涯开始得较晚，在十几岁多愁善感的年龄过后，他为了考美术学校到补习学校学习。当时他甚至连远近法都不知道，素描也是自学的，因此经常被老师批评，最后也没有考上美术学校。或许他一直认为自己落后于别人、自身有很多不足，所以从未停止学习。也可能是他本来就热爱学习，于是他反复学习素描和临摹，研究了许多画家的作品，不断地收集信息，用一生的“研究”来突破自己的表现。

马蒂斯被看作艺术家，后半生都在绘画中度过，没有激烈的感情起伏，他也认为自己是“理智的画家”。而这样的马蒂斯又被激情画家凡·高、高更的色彩触发、影响，所以他的这种与画风完全相反的个人魅力更令人倾慕。

马蒂斯还超越了他所尊敬的画家塞尚，追求色彩和形状的极致，但是在其后半生，如果说哪种颜色更吻合他的特点，那就是蓝色，这一点从其作品中可以窥见一二。由于晚年身患癌症，马蒂斯在生活中离不开轮椅，也无法拿起画笔，不过他在剪纸画这一新领域继续他的创作活动。他从绘画中获得自由，从线条中寻求解放，作品中的色彩和主题不断得到提炼。

一般来说，用红色表现的作品，与感情一体化的表现较多，但是被称为“色彩魔术师”、红色被认为是其代表色的马蒂斯，却一直很冷静地对待红色，这一点真是令人颇感兴趣。对于马蒂斯来说，红色是他一直追求通过绘画呈现的、存在于他内心深处的巨大能量。

虽然他并未在其作品中竭尽全力地表现出来，但我认为红色的这种能量支撑着他的整个创作生涯。

因此，有时候红色也可能和直接表现无关。

第二章 黄色

黄色的使用说明书

黄色给人明快活泼的印象，因为一听到黄色我们脑海中就会浮现太阳、闪耀的光、向日葵、身边的蒲公英花朵等生机勃勃的东西或简单纯净之物。

如果以黄色来联想孩子的性格，不会像粉色那样给人柔软的可爱感觉，而是一种活泼好动的可爱。但是，如果超过一定的度，也会给人过于自我、幼稚易变的印象。活泼多动、开朗明快成了醒目色的代表意象。

胡蜂

醒目的黄色在生物界被称为“警告色”。所谓警告色，是指带有毒性的生物用醒目的色彩和花哨的配色提醒对方不要靠近自己，是一种警告信息。

例如黄黑相间的胡蜂，它们身上的颜色就

是警告色，特别显眼。这些颜色也被应用到人类社会，施工现场的围栏黄色和黑色相间就类似于自然界的警告色，这是利用了色彩的性质。

黄色还蕴含金钱和幸运之意，因为黄金是黄色金属的代表。人们常说“黄色会提升财运”，由黄色联想到黄金，获得财富，都与幸福相关，这样的想法在全世界是共通的。

黄金的这种活泼的印象、物质的印象容易给人轻浮的感觉，但相反地，它也是光辉闪耀、孕育生命的太阳的神圣、永恒的象征。另外，黄色还会给人带来光明，代表一种希望，进而发展为代表精神上的幸福。总之，黄色给人的这些印象好像在维持着一种微妙的平衡，到底是好还是坏，全在一念之间。

黄色还具有容易变化的性质。黄色是仅次于白色的明亮色，一旦染上污渍就会显得很脏。如果黄色变暗，就成了不受欢迎的土黄色和不鲜亮的淡黄色，这样的颜色会让人感觉有些沮丧。

作为一种色彩，黄色长期以来在亚洲地区被尊为高贵的象征。特别是在中国的“阴阳五行学说”（关于构成宇宙万物的存在的古代思想）中，黄色属于中央之色。据说这是皇帝的位置，黄色是皇权的象征色。关于其由来众说纷纭，有一种说法是“黄”和“皇”的发音相同，还有一种说法是“阴阳五行学说”里的中央位置是土，而古语中“皇”的发音和“土”相似。另外，还有人认为中国大部分土地的颜色是黄色，而皇帝支配着这片黄土地，便成了黄色尊贵的原因。

大地上的五谷杂粮等谷物成熟时，黄色就会装点大地。所以，说黄色是土地的颜色，倒不如说黄色是谷物果实成熟的富饶的大地之色，而统治那里的帝王之色便是黄色，或许这样想更能引起共鸣。

把这种黄色染到布上的染料可谓丰富多彩，有芸香科的黄檗树皮、开出白色花的栀子树的果实（据说栀子的果实在成熟后也不会裂开，没有开口，所以称作“无口”）、乍一看像狗尾草似的青茅草、因咖喱和饮料而被熟知的姜黄、藏红花烩饭的材料藏红花雌蕊等等。

与之相比，壁画和漆器、绘画等所用的颜料，最初在世界范围内广泛使用的是黄土（土黄色），当时还无法制作出明亮清澈的颜料。后来，古埃及和日本等大多数国家使用的艳黄色的颜料是矿物质“雄黄”。但是，雄黄加热到一定温度后在空气中可以被氧化为毒性很高的砒霜。在中国古代，传说有的朝代有心怀叵测之人把雄黄当作仙药供皇帝服用，皇帝竟然不知道自己把剧毒的矿物质当作药物来摄取。这真是太可怕了！

现在，绘画用的颜料通常是装在软管中，而以前是使用者自己调配。由于把颜料弄碎碾成粉末时，会有微量的粉末被吸入人体，搅拌时也会直接接触皮肤，所以对人体的影响很大。那时雄黄是人们患肺癌和皮肤癌的原因之一，但当时的人们并不知道这一点，因为喜爱这种漂亮的柠檬色，所以一直到 19 世纪还有画家使用雄黄。

令人遗憾的是，不仅是黄色的颜料，古代人使用的颜色材料

《戴珍珠耳环的少女》 维米尔

中有很多矿物质都含有剧毒，为此有不少人丧命。可以说画家是在用生命创作作品。

到 14 世纪，出现了毒性较低的黄色颜料，画家维米尔很喜欢使用这种颜料，其作品《戴珍珠耳环的少女》在日本也广为人知。人们对于象征着光和黄金的艳黄色有着极深的欲望，并不断寻求变化，在欧洲甚至出现把埃及的木乃伊磨成粉末做颜料的有违人道的传说。

如此看来，在欧洲近代以前，与其说人们把黄色“当作颜色”来看待，倒不如说黄色是“表现黄金和光”的必要之物，他们不允许出现与黄色的固有印象有丝毫偏差的情况。

说到“黄色的绘画”，大多数人会想到创作出《向日葵》等作品的画家凡·高。他喜欢用的铬黄也有较强的毒性，现在被认定为剧毒性颜料。2011 年，科学家证实了画中使用的铬黄颜料有一部分在紫外线的作用下变成了米黄色和茶色。

随着时间的流逝，颜色发生了变化，无论对于画家还是观赏者而言，都是一种悲剧。虽然我们不知道凡·高在哪幅作品中使用了多少铬黄颜料，但是如果凡·高看到其作品的现状应该会很受打击吧！可想而知，现在我们拥有安全稳定的颜料，是何等的幸福。

虽然凡·高的知名度很高，但是如果说到喜欢黄色的“画家”，或许很多人脑海中会浮现出活跃于 18~19 世纪的英国浪漫主义画家威廉·透纳。尽管是相近的黄色，但颜色的微妙感觉和笔触却与凡·高的画相去甚远。凡·高用强烈的黄色让人感到一股强大的能量，是一种动态的笔触；而透纳却用宛如扩散到空气中的柔和的黄色，描绘出无尽蔓延直至轮廓消失的画面。

这位看似浪漫的画家，其现存的调色板中黄色系的色彩占了绝大部分。

透纳 29 岁的时候，母亲住进精神病疗养院，而后去世。透纳担心自己也患有精神病，导致他在日后的生活中一直被这种想法折磨。与凡·高的苦恼不同，铭刻在透纳人生中的可怕的黑暗，是界限崩溃、不断扩散的暧昧的色彩世界，这也是他的不安之处。不同的画家同样频繁地使用黄色，但用色和表现却完全不同。

接下来让我们对凡·高和黄色的关系稍作探讨。

病迹学（是用精神医学的方法分析天才的作品和生涯，探索疾病的影响和其创造性之间是否有某种联系）的研究者中，有人把焦点集中在凡·高的癫痫上，认为癫痫发作时产生的刺眼的黄色体验对凡·高的创作产生了很大的影响。

出现癫痫和精神疾病症状的凡·高，因无法控制自己的冲动行

《去往塔拉斯孔的画家》 凡 · 高

为非常痛苦。据分析，有名的“割耳事件”也是受疾病影响。从这一点来看，凡 · 高在去世两年前即 1888 年所绘的《去往塔拉斯孔的画家》尤为耐人寻味。

画中身穿蓝色衣服的画家（被认为是凡 · 高自己）在去某处的途中，画家身后两侧的两棵树的形状引人注目，更奇怪的是画中未出现树影。画家走过的地面上出现的黄色光斑就像浮在水面上一般漂浮不定，让人不知道该如何下脚。这条黄色道路的世界和远处恬静的田园风光被分割开来。画家的身体僵硬，仿佛是被其他力量操纵的“木偶”，而且脚下的影子极不自然，好像要和身体分开一样。我总觉得这好像象征着精神和肉体的分离，站在画前的我也有一种难以平静的心情。当然，或许凡 · 高创作这幅作品时并没有这样的想法。但是，作品中描绘的世界确实反映了凡 · 高内心感受到的不安。

这一年的 12 月，发生了“割耳事件”，之后凡 · 高住进了精神病疗养院。两年后，凡 · 高开枪自杀。关于凡 · 高的死，有自杀和他杀等各种各样的说法。但不容置疑的是，他有精神方面的疾病，并曾与病魔进行斗争。

疾病引起的强烈感受，对于本就束缚于崇高理想、容易陷入非黑即白的极端思想的凡·高来说，起到了推动作用，使他对强烈的刺激有一种亲和态度。或许正因为这样，比起柔和的光，他更喜欢强烈的光和被反射的强光，所以他使用的黄色就变得尤为浓烈。

另外，对于出生在牧师家庭的凡·高来说，光就是神本身，是幸福的象征。可见他对黄色这种色彩寄予了多大的期待和希望。黄色越强烈，凡·高的内心就越容易得到满足，可以想象他要把黄色涂成无边无际的样子。

疾病让人体验到的发狂的黄色，以及象征着理想和希望的幸福的黄色，无论哪种，凡·高都真真切切地体验过。在描绘花和光的黄色的同时，看到了折射出的内心之色，或许这就是凡·高对于黄色的感受吧！

卡其色是何色

不知为何，军装风好像每隔一段时间就会流行起来，而在军装风中最关键的颜色就是卡其色（khaki）。你觉得这是一种什么样的颜色呢？是一种黯淡的苔绿色吗？其实不然，很多人认为卡其色是绿色系，但了解它的演变过程后就会知道，绿色并不是卡其色原本的颜色。那么，我们就来了解一下卡其色的历史吧。

最先把卡其色用于军装配色的是19世纪的英国军队，在此之前，欧洲各国的军装是红、白、蓝等艳丽的颜色，联想一下英国白金汉宫皇家卫兵的红色制服，就可以大致了解当时的情况。

之所以使用艳丽的颜色，是因为当时的战斗形式是白刃战，身着颜色艳丽的军装，会有一种威慑对方的强劲力量，而且鲜艳的颜色更容易辨别敌我。

特别是在古代欧洲，有不少关于红色和战争的故事，如战士用战败者的血淋浴，胜者把红色颜料涂抹到身上，等等。在其他地方也有在战斗前把红色羽毛戴在身上、把红色涂在脸上等习惯。总之，在世界各地都有红色与战争相关的传说。的确，作为鼓舞士气之色，红色是最合适的。不过，为了辨别敌我双方，还需要用红色以外的

英国皇家卫兵

颜色和不同的配色相碰撞，因此各国都集中使用了鲜艳的颜色。

而且保家卫国的军人是受人尊敬的，身着华丽帅气的军装也可以彰显国威，备受女性欢迎。就这样，鲜艳颜色的军装持续了很长时间，随着战争的武器从剑变成枪，白刃战减少了，军装的颜色也渐渐地发生了变化。有一种说法是，法国之所以在第一次世界大战中损伤惨重，就是因为直到最后法国军人都穿着红色的裤子。这也说明人类进入了不同审美意识的时代。

回到卡其色的话题，1846 年在英属殖民地印度发生了叛乱，当地英军的军装颜色就采用了“卡其色”。

据说卡其色的产生过程是这样的：当时的英国军官环视四周，指着大地问当地人“这是什么颜色？”。被问的人很吃惊，以为他在问“这是什么？”。虽然他心里可能在嘀咕，难道英国没有泥土吗，

土地的颜色

但他还是用乌尔都语回答了“卡其”，意思是尘土和土色，该词来源于波斯语中的“khak”，意为“土地”。但是，卡其色普及开来是在之后英国对殖民地持续的战争中。

英国军队在印度遭遇抵抗，他们因为炎热脱去了红色军装，把白色衣服用红茶和咖喱粉印染。在西非，英军也因殖民地的争夺而陷入苦战，于是用同样的方法漂染军服。从战斗现场的实际情况出发，英国海外部队的军装由大红色变为卡其色。此后，英国军队便采用卡其色作为战斗军装的颜色，其他国家也开始进行研究，逐渐认同卡其色军装的有效性。随着时代的变迁，白刃战发展为枪和大炮的兵器战，人也成了战场上的靶子，所以需要从远处看不显眼的可以伪装的颜色。于是，英军的红色军装就改成了当地人所穿的卡其色制服。这正是近代迷彩色的开端，或许这也是预示战争严峻化的象征性事件。

从卡其色的历史来看，它不是产生于植物的颜色，而是大地之色，是黄色和茶色，后来也指用红茶和咖喱染出的颜色。因此，在颜色词典中卡其色不属于绿色条目，而属于黄色条目。实际上，它是一种不鲜亮的黄色。

服装系的学生在学习必修科目《色彩学》的时候，基本上都会学到卡其色的历史，但是大多数学生都不记得，毕业参加工作后，经常指着绿色说成“卡其色”。时尚杂志的作家也会看着绿色写出“卡其色可以搭配出时尚感”的稿子，所以人们会误认为卡其色是绿色系颜色的代表，甚至可以说这种观点已经成为定论。

当时的欧洲仍固守着鲜艳色彩的权威，而讲求效率的美国则毫不犹豫地把战斗服装改成了卡其色，成为继英国之后第二个采用卡其色作为军装颜色的国家。英语中说到“get into khaki”，就是“进入陆军”之意，所以在英语圈中“khaki”也成了“军服”的代名词。

在此之后，世界各国不仅出现了迷彩色，还研发了战斗机不易发现的、可以隐藏地上兵器的迷彩图样。美国也十分重视研究战争中的迷彩图样，在迷彩服中较多地使用了绿色。热衷于引进美国文化的日本，把军服的代名词“khaki”当作一种色名，进一步导致人们对卡其色和绿色混淆，或许这也对卡其色的印象产生了一定的影响。回顾其历史发展可知，“卡其色”的本源是黄色系，这种颜色中隐含着与现代社会息息相关的战争历史和世界局势的变化。

话虽如此，颜色的名称并不会对我们的日常生活产生太大的影响。不过，色彩水平考试对于区分颜色有严格的要求，所以服装系的学生一定要牢记。色彩名称对我们生活的影响大概就是这种程度吧！

如黄金一般的黄色是姜黄的力量

咖喱在日本已经成为国民食品，具有不可动摇的地位，甚至还有人因为身体不好而去吃咖喱。咖喱不仅美味，据说还具有美肌、抗衰老的功效，对其他疾病也有益处，所以最近咖喱作为健康食品备受瞩目。

咖喱之所以有这么多功效，是因为里面含有大量的香辛料。香辛料可以提升食物的味道和保存性，其原本用作中药药材，后来还成为一种常用的染料。因此，提到香辛料，人们就会联想到与药、染色有关的话题。

咖喱中最有名的香辛料当数郁金。黄色的原料郁金又叫作姜黄，属于姜科植物，也是布和纸等的染料，而外行人经常分不清姜和郁金。

在具有5000多年历史的印度传统阿育吠陀医学中，郁金被用作胃药，还被用于净化血液、治疗皮肤病等。郁金中含有的丰富的姜黄素，对日本人来说再熟悉不过了，它有保肝利胆的益处，如有解毒作用、促进胆汁分泌、预防肝损害等等。而且，姜黄素可以预防和减轻宿醉之苦。

除此之外，郁金还具有镇痛、抗氧化、杀菌等作用，喜欢做菜的话，还可以把它用到鸡蛋菜肴、炒菜、鱼肉料理和糕点中，简直无所不能。总之，郁金的使用范围非常广泛。

虽然郁金原产于印度，但是它在中国也被当作万能药材，记载于古医书中。关于郁金传入日本的年代众说纷纭，不过在公元1世纪左右郁金已经作为一种重要的“药草”为日本人所知。毫无疑问的是，郁金在日本也长期被看作万能药材。

在超市的食品柜台很容易找到姜黄粉，其颜色不是柠檬黄，而是像蛋黄那样的深黄色。盒饭套餐中的黄萝卜和栗子甘露煮等，里面的黄色食用色素就是用姜黄粉制作的。

日本自古以来就有许多黄色的色素和染料，据说用来腌渍黄萝卜的郁金，在室町时代作为染料而受到关注，用于红的染色等。只是，郁金用来染布存在容易褪色的问题。

在印度的印度教和东南亚的佛教中，黄色都是神圣的颜色。在只有天然染料的时代，比起珍贵稀少的藏红花，人们更常使用的还是身边的郁金。

印度部分神像脖子上装饰着深黄色的万寿菊项链。人们习惯把红色和黄色的粉末当作供品，其中黄色的粉末就是用郁金制成的。

姜黄粉

除此之外，在非洲的部分地区和太平洋诸岛，有的民族把郁金当作神之色、神圣之色和幸福之色涂抹在身上，并用郁金染布，以便在举行仪式等重要时刻使用。用身边的郁金做出的深黄色，同时具备神圣感和温暖感，而且不乏人们喜爱的华美绚丽。

回到咖喱的话题，印度的咖喱最早传到欧洲是葡萄牙将印度西部纳入殖民地的时代。1563 年，在印度西部殖民地的葡萄牙医生写了一本《印度草药 · 药物对话集》，里面就记载了咖喱。虽然这并不是一本料理方面的书，但是在明治初期，日本将其和西方料理一起引进到国内。或许人们做梦也没有想到，现在咖喱竟然成了日本的国民食品。

说起印度的黄色，还有 20 世纪初期禁止制造的颜料——印度黄。这是 18 世纪左右传到欧洲的一种质地坚硬的颜料，制作方法在当时是个谜。事实上这是用干燥后的牛尿制成的，喂养牛时仅以芒果叶和水为饲料，致使牛营养不良而早死，因而这种颜料被禁止制造。现在，印度黄也只剩下名字，多出现在绘画用的颜料中。

那么到底是谁发明了这种制作方法呢？或许是由于人们对黄色的强烈渴望。但是那样折磨神圣的牛是不行的，“神灵”也会感到失望。

华丽、温暖的黄色，也有各种各样的历史啊！

认真思考“大阪的阿姨和豹纹”

某日，《都市传说》发来委托，希望我能从色彩心理学的角度来分析“大阪的阿姨们为什么喜欢豹纹”，于是我认真思考了这个问题。

首先，说说豹纹。说起来豹纹有美洲豹纹、猎豹纹，到底有多少人能分辨其中的不同呢?

从花纹来看，美洲豹全身呈暗黄色，身上有黑色圆环状的花纹，而且在圆环中央有黑色的斑点。猎豹的毛色是暗黄色，全身都是黑色的圆斑点。而猎豹和美洲豹不同，猎豹在圆环中央没有黑色斑点。此外，狮子等也是“猫科豹属”动物。这些动物以豹为属名让人有

美洲豹

些意外，不过，正因如此人们才更容易了解从古至今豹属动物的栖息区域。一般来说，在人们的印象中斑点纹就等于豹纹，或许也是由此而来吧。

在古埃及，豹是王和神权的象征；在希腊神话中，英雄身披豹的毛皮；早期的基督教也认为豹受所有动物爱戴，能释放出香味。印度教的湿婆腰上围着虎皮和豹皮。豁达洒脱的印度人很推崇各种猛兽，据说其原本推崇的主流动物是老虎；而在日本，鬼穿的裤子多为虎纹。总之，如果从体格的大小来说，还是老虎更能象征强大吧！

从花纹样式来看，虎纹为直线花纹，给人的印象更男性化，而豹纹是曲线和花斑，相较而言给人以女性化的印象。豹的柔美姿态也令人联想到女性，西洋画就经常把豹作为女性的象征形象。

由此看来，豹的毛皮在古代是神和权力者的象征，猛兽代表着超越人类的力量，到现代则演变为一种高级奢华感，而且豹的姿态和豹纹的曲线很容易让人联想到女性形象。

接下来回到正题。一般来说，“大阪的阿姨”给人的印象是“喜欢奢华、说话直接、性子急躁、热情开朗、生机勃勃”（当然，在大阪也存在个体差异，大家并非都一样），而且存在“喜好豹纹”的逸事。不久之前甚至还传出这样的消息：阿姨们认为豹纹已经无法突显个性，于是出现了很多老虎纹、斑马纹等“野生猛兽纹”。真不愧是大阪的阿姨啊！

有调查显示，在大阪居住 30 年以上的人占大阪总人口的 40%，这个比例居全日本第一位，从这一点来看，也可以说在大阪发生的现象具有一定的地域背景。

那么，“大阪的阿姨”真的喜欢华丽的感觉吗？

在关东和关西都很出名的色彩故事，是关于“源平合战”中的军旗颜色的。质朴刚健的武士家族集团——源氏的军旗颜色是白色的，而喜欢附庸风雅的贵族文化的代表——平氏的军旗是红色的。虽然有观点认为源氏的白色代表神，平氏的红色代表天皇，但他们还是采用了“合乎自身感觉”的颜色。也有观点认为，资金紧张的源氏选择了不用“染”的简单白布。

据说现代日本的运动会和歌唱比赛用红白二色代表阵营就来源于源平合战中的军旗颜色，由此可见在古代日本就已经存在这种审美意识的差别。另外，不同的紫色表现出的色彩差别也为该研究提供了佐证。

“京紫”指的是高雅的红紫色，与之相对的“江户紫”是指清爽的蓝紫色。关西继承了古代贵族的嗜好，华丽的文化生生不息。在服装行业，一直以来同样的品牌在关东和关西畅销的颜色也不相同，关东流行的是以藏青和灰色为代表的冷色高雅风，而关西则喜好以紫红色和金色等为代表的暖色华丽风。也有人认为，由于关西和关东的气温、湿度、日照时间不同，使得在不同的阳光下呈现不同的漂亮颜色，以此为基础形成了两地人不同的喜好。

顺便说一下，在东京法事使用的纸绳颜色是“白和黑”，而关西则是“白和黄”，可见两地的色彩文化还是有差异的。

大阪是商人居住的繁华都市，充满了金钱和黄金的气息，据说丰臣秀吉特别喜欢黄金，甚至还穿黄金木屐，这也给大阪文化的形成带来了一定的影响。当时，这种追捧黄金的风气也扩散到包括家臣在内的商人阶层，金箔甚至被用到和服上。所以说黄金和奢华之风在大阪如此盛行，是有历史原因的。

喜欢附庸风雅、纷华靡丽的贵族文化，再加上丰臣秀吉对黄金的追捧和商业的繁荣发展，构成了大阪独特的历史，并对地域性格的形成产生了深远的影响。特别是在江户时代，大阪朝气蓬勃的民间资本主义达到鼎盛，形成了不用察言观色的自由氛围，进而催生出能容纳自我主张和不同个性的社会，因而大阪人的性格迥异于关西其他地方的人。

从难波商人的格言“让客人高兴，自己也高兴”来看，这样的服务精神恐怕和现在的喜剧文化也有关系吧！生机勃勃、热情开朗、有自我主张、喜欢奢华，咦？这些不都是身着豹纹服饰的大阪阿姨给人的印象吗？不，等一下，或许可以说，无论哪个地方都有这样性格特点的人，他们喜欢“（像豹纹那样的）引人注目的华丽”，但是由于特殊的历史文化背景，大阪出现了很多这样的人，因而衍生出都市传说。

还有人提出这样的疑问：“大阪的阿姨其实是因为怯懦却想故作

强悍才喜欢穿豹纹的吧？”

不，一般来说服装是自我表现的一种方式，在日常生活中如果仅仅“因为喜欢才穿”，而“无意识地”选择与自己性格相反的花色是一件很困难的事，除非有某种特殊原因，比如“因工作需要”“今天的我看上去必须有气势”等。如果怯懦的人无意识地选择强烈的颜色，那么他首先需要的是可以支撑心理防御的色彩，是替代铠甲的“守护色”，而不是花哨的“进攻色”。最佳的选择应该是黑色，因为黑色比较低调。因此，一般来说，怯懦的人是不会选择豹纹的。

在大阪采访穿豹纹的人，很多人的回答是“因为穿上很帅”。花色的力量和猛兽的强大相得益彰，如果没有这种共鸣，恐怕人们不会穿豹纹吧！关于豹纹，尽管有各种的质疑，但大阪的阿姨们还是具有引人注目的力量。

但是，根据某购物网站的统计，购买豹纹服饰最多的竟然不是大阪，而是埼玉县。这一度成为热议。当然，这只是网站内部的说法，如果认真调查统计，结果不得而知。

通过对埼玉县人的调查采访可知，和喜欢穿豹纹上衣的大阪人不同，他们喜欢小物件上隐隐约约带有的豹纹。这一回答令人印象深刻。在其他采访中，大阪的女性认为，只有出现豹头才能称之为豹纹。原来是这样，真是令人目瞪口呆啊！

“黄色的声音”是谁说的

在语言的运用中，有时候借助色彩印象可以更生动、更简单地理解意思。如“腹黑”“大脑一片空白”“黄色的声音”等。带有颜色的话语会更容易引发想象——腹部黑了会让人感到不安，大脑空白会让人觉得反应不过来。但是，“黄色的声音”中的“声音”是没有具体形状的，即使能够听到，也不能染上颜色，不过这依然能引起人们的共鸣，是不是觉得很不可思议？

“黄色的声音”指的是尖锐高亢的声音，关于其由来众说纷纭。一种说法是，江户时代流行用五种颜色表示声音，该用法是从那时留下来的。除此之外好像还有其他说法。虽然由来不是很清楚，但是尖锐的声音不用黑色而用黄色来形容，在现代日本也能引起共鸣吧！

我们对于无形的声音，除了用颜色来形容之外，还有“甜美的声音”（味觉 + 声音）、“冰冷的声音”（触觉 + 声音）等，这些用法都毫无违和感。

在西班牙语中，好像是用“白色的声音”来表达孩子和女性甜美干净的声音。除了声音（听觉）之外，人的五种感觉器官中视觉、触觉、嗅觉、味觉是相互关联的，这在心理学领域众所周知。

这究竟是怎么回事呢？例如，“bouba—kiki 效应”，请看下面两个图形，你认为哪个是“bouba”哪个是“kiki”呢?

这个问题和语言文化无关，98% 的人回答曲线图形是 bouba，呈锯齿状的图形是 kiki。真是令人吃惊啊!

由这个实验可知，没有含义的“声音(听觉)”和没有含义的“图形(视觉)”，是不同感官接收到的信号，但是大多数人却把它们联系在一起，并产生了相似的感觉，是不是非常有趣?

这种现象用专业用语称为“感觉通道”。“黄色的声音”也是因为黄色的色彩感觉和尖锐声音的感觉相通，是人们超越时代所共有的感受模式。

实验中的图形是没有任何含义的形状，却有 98% 的人对其有同样的感受。但是如果换成其他形状，比如说标准的圆形，也就是说用正圆和色彩来试验，则会得出不同的结果。

据欧美地区的调查资料，如果询问“正圆是什么颜色的?”，大多数人反馈正圆是蓝色的。在日本，研究者对 30 多人提出了相同的问题，虽然人数不多，但几乎所有人都回答“正圆是红色的”，一般认为这是受日本国旗的影响。也就是说，在文化中带有一定意义的形状和颜色在某些情况下已经影响了人们的感受，所以有可能出现调查中这样不同的结果。或许这对于了解感觉通道是先天性的还是后天性的有一定的作用。另外，还有更加令人吃惊的实验结果。

据灵长类动物学家松泽哲郎的研究小组调查，人们对“黄色的声音”代表的“尖锐声和明亮的颜色产生的这种共鸣感”，黑猩猩竟然也有！由此可以推断，或许在人类和黑猩猩分开进化的 500 万~600 万年前或者更早的时候，这种感觉通道已经出现。语言文化的影响和大脑的构造，与感觉通道是如何关联的，或许可以成为今后的研究课题。

与感觉通道相同的特殊现象是“联觉”，或许很多人都知道这个词。据说很多艺术家都是联觉者，例如搞笑艺人组合“爆笑问题”的成员田中裕二，这在日本一度成为热门话题。

所谓联觉，是指对五感中的一种通道的刺激，却同时引起了另一种感觉的现象。例如，听到某种“声音”会感觉到某种“颜色”，而且它们之间往往存在着固定的关系，听到“哆来咪”的“哆”通常会想到“蓝”。或者文字、数字与一定的颜色之间的联觉，如看到“あ”就像看到了“赤”这个字。听到声音会产生看见颜色的感觉叫“色—听”，看到文字和数字会感觉到颜色叫“色—字”，看到颜色和形状会感觉听到某种声音叫“音—视”。总之，刺激和反应的种类涉及方方面面，从味道到声音，从手感到颜色、气味、疼痛、时间、单位、节奏等，好像有 150 种以上的联觉。

联觉和前面提到的感觉通道有许多相似之处：和个人的意志

无关，擅自产生并且贯穿一生；不是模糊不清的印象，而是几乎固定下来的关系；反应清晰，有助于记忆（比如用颜色的排列方法来记名字）；产生喜欢、厌恶等情感。即便如此，联觉也是一种特殊现象。

令人不可思议的是，某种刺激会“让人感觉颜色”的类型有很多，但是通过颜色产生其他感觉的人却非常少。无论是哪种情况，大多数都是“与颜色相关的联觉”。

	あ段	い段	う段	え段	お段
あ行	あア a	いイ i	うウ u	えエ e	おオ o
か行	かカ ka	きキ ki	くク ku	けケ ke	こコ ko
さ行	さサ sa	しシ shi	すス su	せセ se	そソ so
た行	たタ ta	ちチ chi	つツ tsu	てテ te	とト to
な行	なナ na	にニ ni	ぬヌ nu	ねネ ne	のノ no
は行	はハ ha	ひヒ hi	ふフ fu	へヘ he	ほホ ho
ま行	まマ ma	みミ mi	むム mu	めメ me	もモ mo
や行	やヤ ya	(いイ) i	ゆユ yu	(えエ) e	よヨ yo
ら行	らラ ra	りリ ri	るル ru	れレ re	ろロ ro
わ行	わワ wa	(ゐイ) i	(うウ) u	(えエ) e	(をヲ) o

日语五十音图

虽然个人的反应不尽相同，但是在声音方面，多数人的联想倾向于五十音图中的か（ka）行的代表色是黄色，さ（sa）行的代表色是蓝色。在音程方面，高音的联想往往伴随着明亮的颜色，而低音的联想则是黯淡的颜色。关于联觉者，有一种观点认为女性比男性多、孩子比大人多，在数千人中有一人或几百人中有一人。还有观点认为，一个人可以同时具有几种联觉现象。总而言之，有各种各样的结果和报告，不过这也是正常的。虽然以前就有相关的报告，但是真正证实有这种现象才30年左右，网上流传的信息中甚至有都市传说类的内容，这些内容尚未经过梳理。

科学家牛顿认为彩虹的颜色有七种，并使之与音阶相匹配，这在色彩学中是有名的事实。有人说这是因为牛顿具有联觉能力，但也有人提出反驳，认为在现实中大多数人都看得见彩虹的颜色。此外，著名画家康定斯基和音乐家斯克里亚宾也被认为是联觉者，但在他们不同的作品中，色彩和声音、文字的关系会发生变化，因而有人说他们并不是真正的联觉者。有言论认为日本的松尾芭蕉和宫泽贤治也具有联觉的能力，但很难找出相关的事实。当代法国作曲家梅西安好像是一位真正的联觉者。我本想细细鉴赏其作品，奈何对音乐一窍不通，还是先从亲近现代音乐开始吧。

关于联觉的实证研究，最近通过脑扫描和实验的结合，确定了大脑的反应。例如，具有“色—听”和“色—字”联觉的人，听到声音或看到文字时，大脑中的色彩反应区会出现明显的活动，由此可知，现实中没有色彩的刺激，但他们“看到了颜色”。

虽然确认了上述事实，但这种特殊的现象究竟是如何发生的仍不得而知。在学界有各种各样的假说，比如“结果说”，即认为新生儿的大脑在成长的过程中，本应整理从五感获得的信息和脑内的感知路径并制作回路，但结果大脑并未如此发育。这种结果有错综复杂的背景，包括人类的进化过程和不同文化带来的心理问题等，或许将来有一天我们能弄清楚这个难题。

感觉通道和联觉，并不是特殊的人身上出现的特殊现象，而是人类原本就具有的一种能力。脑和心都是复杂之物，就像我们一直无法解开宇宙之谜一样，想把人类的问题弄得一清二楚并非易事。不过，弄不明白的事可以供我们尽情地想象，不也是乐事一件吗？

运动和色彩的关系始于期待感

在电视上第一次看到迈阿密网球公开赛的紫色球场时，我不禁大吃一惊。一直以来，球场的颜色多为绿色和红棕色，最近也新增了蓝色，而这种观感强烈的紫色球场（周边是绿色）真是让人意想不到，印象深刻。

近年来，人们从诸多角度对运动和色彩的关系进行了研究，在这个领域包含了衣服和运动用具的色彩等方面的流行趋势，以及不断的更新变化。由此看来，迈阿密的这个球场和网球的颜色很匹配，因为网球的颜色是黄色。

紫色网球场

以前网球的颜色是白色，作为正式比赛用球改为黄色始于19世纪70年代初期的四大网球公开赛之一的澳大利亚网球公开赛。最有权威、历史最悠久的温布尔登网球锦标赛要求运动员必须身穿白色衣服和鞋子，是规格最高的比赛，但在1986年也把正式比赛用球改成了黄色，是四大网球赛中更改最晚的一个。

黄色经常被用在危险和提醒的标志中，是醒目色的代表。除了标志之外，也经常用于日常生活中应该注意的地方。但是，这并不代表“醒目 = 易见”，因为当人们打算看“某物或某人”时，后面的背景必定会一起进入视线。也就是说，红色和黄色虽然是醒目色，但就像在白色地面上做黄色标记不会显眼一样，不同的背景可能会使醒目色变得一点也不醒目。

这种色彩的易见度叫作“视认性”，与背景色的关系极为重要。

视认性变高的关键是，背景的颜色和标志等目标对象的颜色之间的亮度差有多大。

我们试着分析一下黄色网球场的背景色，以四大网球公开赛的球场颜色为例，澳网和美网是蓝色，法网是红褐色，温网是绿色，不管是球场的材质还是颜色都不相同。但无论哪种颜色，都和黄色有亮度差，因而视认性都很高。前面提到的迈阿密网球公开赛的紫色球场和黄色网球也有鲜明的色差，所以观众应该能看得很清楚。话虽如此，如果单从亮度差来看，白色看上去也是不错的选择，但是球场的界线是白色的（温网比赛中，运动员的衣服也是白色的），而且一般来说，红色和黄色等醒目色比白色更有色调（即图像的相对明暗程度），所以还是选择黄色作为网球的颜色最佳。

顺便说一下，蓝色在不久前开始应用于田径比赛的跑道和乒乓球台等，人们希望借助蓝色来提高集中力，而网球比赛中的蓝色球场和黄色网球也具有颜色互补关系。

这两种颜色称为“补色”关系，指的是颜色的张弛，即具有非常强烈的对比特性的颜色之间的关系。当出现面积差时，面积小的颜色更为醒目，因而运动员在蓝色的网球场中更容易看到黄色的网球。虽然听上去有些牵强，但是对于能够看到整个球场的观众来说，这样的效果是很好的。在蓝色球场中来回穿梭的网球是具有补色关系的亮黄色，一般来说，提高集中力的蓝色和唤起注意力的黄色形成强烈的对比，可以使运动员更加兴奋。另外，紫色和黄色也具有补色关系，特别是荧光色网球看上去像黄绿色，而黄绿色和紫色是互补色。

而最令人感叹的是，在观众看来，眺望着被绿色环绕的宽阔的紫色球场，这种颜色搭配在日常生活中很难见到。也就是说，观众可以沉浸在“非日常”的感觉中。在那里，黄色的网球以惊人的速度在球场来回穿梭，运动员之间展开白热化的竞争，这种观看网球比赛的紧张刺激感是在其他地方体验不到的。虽说运动员的表现最为重要，但是在职业运动比赛中如何调动观众的情绪也是很重要的问题。因而，对于观看体育比赛的观众来说，色彩也是极为重要的。

美国约翰斯·霍普金斯大学的认知科学家贾斯汀·哈尔博达指出，像足球那样人数众多、来回跑动的运动，制服的颜色有可能给观众带来不一样的享受。

包括人类在内的灵长类动物，眼睛很难同时捕捉到 3 个以上移动的物体，以这样的能力，大概很难欣赏许多人不停地来回跑动的运动吧！但是，根据制服的颜色把球员分成两队，那么即使队员分布得很散乱，也会让人觉得这是两种颜色的集团，移动的人即使有 3 人以上也让人在感觉上可以把握，能够跟上他们移动的速度。至于前面提到的 3 个，在球门前混战时也是两队的颜色加上守门员制服的颜色，总共是 3 种。这样是不是也能准确地捕捉到他们的行动?

从 20 世纪中期开始，很多学者对“色彩会给运动员的表现带来什么样的影响”这个问题进行了研究。制服颜色的不同会导致胜负率的不同，这个话题以前就常常被提起，但是很难获得一致性的结果。并不是说制服的颜色一定会影响比赛的胜负，在现实中比赛的胜负和很多因素有关。正因为“人”是难以预测的，所以才更有趣嘛！

第三章

茶色

诸行无常的茶色世界

黄色等暖色系的颜色变暗后大都会变成茶色。茶色作为大地色系的一种，在时尚界很受欢迎，但是如果单看颜色又很一般，不会让人觉得有什么魅力。

色彩的明暗给人带来的印象会有很大的不同。提起茶色，是不是会有很多人想到树干的颜色、牛奶巧克力那样的颜色以及栗色等？茶色给人的印象是平静、朴素、安心、坚实、自然、沉闷等，缺乏色彩的鲜艳华丽感。但是，在室内装饰和家具中使用明亮的米

黄栌染

色和灰暗的深棕色，会使人感到温暖平静，并产生安心感和稳定感。对于在木造建筑中生活的日本人来说，茶色是让人倍感亲切的颜色。

茶色在日本历史上曾是高贵之色，例如平安时代以后的天皇在仪式中穿的正式御袍就是“黄栌染”。这是除了天皇之外任何人都不能穿的“绝对禁色”，看上去像是黯淡的黄土色，或许会让人觉得这和高贵一词不搭边儿。但是，这种颜色一直用作衣服的颜色，而且根据材料的不同，其感觉也会发生变化，所以不能以纸上和显示器上显示的颜色来评价。

这种颜色印染到绢上后，根据光的强弱，看上去时而呈金黄色，时而呈深黄色，如此高贵典雅的光泽和在印刷品上看到的颜色完全不同。据说这在中国古代代表着立秋前在上中天闪耀的太阳之色，也是帝王之色。

另外，平安时代出现的“枯叶色”在古代也是备受人们喜爱的颜色，频繁地出现在《源氏物语》《枕草子》等文学作品和贵族的服饰资料中。关于“枯叶的颜色”是什么色调有各种各样的说法，反正就是枯叶色。

在织色和“套装配色”中，我们也经常会看到这个名字。套装配色是女官装束的通称，代表着古代日本。其中的“重色”指的是衣服的薄面儿和透视的衬里的配色，“袭色”指的是穿多层衣服时领子和袖口的配色原则。在现代，这两者几乎没有区别，都称为“套装配色”，在古代，却有各种各样的规则，比如根据布料的编织方式、纹样、季节的不同，配色也会发生相应的变化。熟记这些规则、穿着得体是一项相当有智慧的工作，由此可以看出穿衣者的形象、品位和知性，在当时错综复杂的风潮中，如果这样考虑也会得到认可。

《枕草子》 清少纳言

日本人对色彩的感受力，是在仔细观察随着四季变化的自然颜色的基础上形成的，他们认为与自然合为一体才是美的根本。平安时代形成并发展的和服套装配色，最初是从中国传入的简洁的用色，后来模仿并组合日本四季出现的各种色彩发展为复杂的配色，追求的是在装束中再现自然。日本人内心深处对这种纤细美的怜爱，或许代表着他们对季节更迭、万物交替（生命无常）的接受态度。

这么说来，日本的“伊吕波歌”也是从颜色开始的。“色は匂へど　散りぬるを　我が世誰ぞ常ならむ　有為の奥山　今日越えて　浅き夢見じ　酔ひもせず（花虽芬芳终须落，人生无常岂奈何。

俗世凡尘今朝脱，不恋醉梦免蹉跎）。”也就是说，鲜花虽然美丽，但终究会散落，这世间又有何人可以长久。昔日的巍峨高山，今日终究还是被翻越了，不要沉迷于虚幻的梦境，还是朝着荆棘丛生的未来前进吧。

虽然关于“伊吕波歌”的整体解释纷繁多样，但最开始的“色”指的是盛开的美丽鲜花，同时也蕴含着无常观，象征着无法摆脱的散落、消失的宿命。这种感觉和古代日本人的心象紧密相连，因此他们觉得看上去很单调的土色、树干色、枯叶色也是美的。

由此可以看出，在欧洲，基督教给人们的内心带来了深远的影响；而在日本，自然本身的面貌成为一种类似宗教的感觉，深深地影响着日本人的内心。芥川龙之介也说：“我们的生活中不可欠缺的思想或许已在‘伊吕波’短歌中尽显无遗。”只是，想到他之后的人生，心情顿时变得有些复杂。

再说一说“茶色”这个名字。提起茶，我们最熟悉的应该是绿茶，而不是褐色的茶。其实，茶色这个色名在古代并不存在，茶色是除了“枯叶色”之外，把橡子当作染料印染的“黄橡”以及“香色”等古茶系的名字。香色是由香木染的类似新鲜的米色一样柔和的颜色，备受人们的喜爱，人们甚至还根据沉香、丁香等印染后的色彩浓度给它们分别命名。香木的淡淡清香令人陶醉，香色在《枕草子》和《源氏物语》中曾多次出现，也用于僧人的僧衣。

中国明代香色麻飞鱼服

茶作为饮品传入日本是在平安时代初期，用作染料据说始于室町时代，而茶色作为一般的色名得以广泛流传是在17世纪中期进入江户时代以后，用小茶壶饮茶的习惯普及到一般民众也是在江户时代。当时的茶不是绿茶，而是像粗茶一样的东西，颜色正是“茶色”。也就是说，绿茶的普及是在粗茶之后，所以茶色不是绿色的。

由此可知，通常是配角的茶色，却是一种有自己世界观的颜色，是在日本长期备受喜爱的自然之色。仔细品味茶色的种种益处，让人有种轻松平静的感觉。

黑暗中的褐色之美

欧洲自古以来就对色彩进行了相关研究。

柏拉图曾指出："把颜色混合在一起制造出新的颜色是对神的亵渎。"与之相对的是，其弟子亚里士多德的风格是着眼于自己的亲身经历进行考察。关于颜色，他认为"（所有的）颜色都介于白和黑之间"，这种想法也得到了牛顿的继承。

中世纪欧洲的人们在这种思想的影响下，一时间掀起了有关颜色的大争论，即"颜色是光还是物体"的争论。

当时，光是神之爱，有时候还代表着神本身，如果颜色是光的一部分，那应该被积极接受并享受。但如果颜色是物质，那它对于信仰来说就是不必要的东西，装点教会的彩色装饰可以全部舍弃。因此，这是个非常重要的问题。

结果，关于色彩的解释具有两面性，认为其既是光又是物质。这种态度对欧美的色彩观产生了极大的影响。顺便说一下，如果你看到现在教会内的漂亮装饰，就会明白哪种见解取得了胜利。

然而，在日本备受欢迎的茶色系也就是褐色系，不仅让人感觉不到光，还有人觉得这和欧美认为的颜色的魅力相去甚远。比如，徽章学和历史学的研究者米歇尔·帕斯图罗，对棕色对应的法语"marron"进行了研究。他进一步解释道："茶色带有令人不快的感觉。"

另外，茶色系的代表性英文名是“brown”，语源是“bear（熊）”。但是，熊在欧洲并不被当作很重要的动物，有时还代表恶魔的力量。

除了表示色名以外，“brown”还含有“忧郁”“沉闷”之意。“Be browned off”指的是“生气、厌烦”，由此可见茶色系所处的地位。有趣的是，在美国和英国，“Brown”这个姓氏很常见（尽管这个词给人的印象并不好）。而作为颜色，它给人的印象是下层阶级的用色，即这样的人只买得起像把颜色混合在一起煮过的衣服。

但是，不受这种社会已有概念的束缚，洞悉美的本质的天才还是会诞生，以列奥纳多·达·芬奇为代表的诸多画家就是这样的人。

达·芬奇曾说过，即使不用绚丽的颜色也能画出打动人心的作品。例如，举世闻名的《蒙娜丽莎》，这幅画基本上以褐色为基调，看不到鲜艳的红色和蓝色。达·芬奇说“理解的最佳方法是，充分鉴赏自然创造的无限作品”，同时作品也传达出人类难以超越自然的创造物这一哲理。

《蒙娜丽莎》 达·芬奇

虽然达·芬奇这样说，但事实上他是一个很注重穿着打扮的人，而且长得也很美（见过达·芬奇的人都说他是一个很英俊的男人），特别喜欢穿玫瑰色的衣服。竟然不是茶色呀！毕竟，在当时的年代，茶色的衣服没有什么价值。

另外，也有些画家在光和影中表现出褐色的深奥，代表画家之一是意大利的卡拉瓦乔。2014年，卡拉瓦乔长期踪迹不明的作品《陶醉的抹大拉的玛利亚》被发现，并在日本首次公开亮相，引起了极大的轰动。

画中突显出的玛利亚心醉神迷的表情暗影，就是卡拉瓦乔追求的世界观。卡拉瓦乔主义甚至发展为一种艺术运动，他用扣人心弦的光与影给观赏者带来强烈的冲击感，是巴洛克时期的代表性画家。

大胆新颖的构图、写实性与画面明暗的强烈对比是卡拉瓦乔主义的特点，其中的暗影并不是单纯的黑色，还包含复杂的暗褐色。对于表现者来说，想要更真实地描绘出与柔和的光相对的影，看上去有点脏的褐色就成了创造美的不可或缺的颜色。这正是颜色的奇妙之处。

这种戏剧性的表现，给佛兰德斯画家鲁本斯和荷兰画家伦勃朗等诸多画家带来了影响。但是，鲁本斯使用的褐色给人一种平静的感觉；被称为“光与影的魔术师”的伦勃朗所用的褐色，看上去也很精练考究。卡拉瓦乔截取戏剧性的瞬间，让人感觉即便是平静的场面，褐色里也蕴含着压倒性的复杂的强度与深度。比起技巧性地运用手法，卡拉瓦乔更像是被这种颜色深深吸引才使用的。那么，对于他来说，褐色究竟是一种什么样的颜色呢?

卡拉瓦乔家境贫寒，父母早逝，他独身一人奔赴罗马，年轻时因才华横溢而声名鹊起，但也因接二连三的暴力行为入狱，最后因杀人罪被判死刑，开始逃亡生活。在他早期的明亮画面中，也经常能看到褐色的存在。

在 1604 年的作品《洛雷托的圣母》中，描绘的是出现在农夫朝圣者面前的圣母子的幻影，美丽温柔的玛利亚就是用暗褐色绘成的。卡拉瓦乔的对手说这幅画“是肮脏的玛利亚，是大不敬”，同时这也是使他沦为阶下囚的作品。但我觉得用“穷人的颜色”描绘的玛利亚另有深意，联想到卡拉瓦乔的人生经历，就会明白这种褐色才是能让他平静的颜色。

《水果篮》 卡拉瓦乔

若是如此刚烈的个性，钟情于强烈的红色也不足为奇。但是在单纯的能量释放中，或许红色无法与他内在的纠葛和孤独取得共鸣。红色黯淡下来成为暗褐色时，是不是才更贴近他纠结的内心？当然，这些也只是我个人的猜想。

与完全的黑暗相比，暗褐色还处于与光相连的状态，还带有些许希望。对于几次打破自己人生常态的卡拉瓦乔来说，或许唯有在一丝不苟地涂抹褐色时，他才能全身心地感受到某个希望的瞬间。

如果有机会，也可以看看他画的水果等静物画。在明亮的画面中描绘了成熟诱人的果实和生机勃勃的植物，但其中也出现了熟透并开始腐烂的果实，以及生虫枯萎的树叶，是一幅贴近自然原貌的死亡景象的作品。和达·芬奇一样，卡拉瓦乔也是真正懂得自然真谛的人，所以能把褐色演绎得如此精彩。

《自画像》 凡·戴克

在棕色系中也有以画家的名字命名的颜色，如“凡戴棕”，该画家是鲁本斯的弟子安东尼·凡·戴克。他出生于一个富裕的家庭，日常很注重打扮，在描绘贵族的肖像画方面取得了很大的成功，拥有与卡拉瓦乔完全相反的形象和人生。他的作品中经常出现的暗褐色，在他去世 209 年后以他的名字命名为“凡戴棕”。

仔细想来，黯淡色的代表色——褐色受到许多画家的青睐，他们对各种褐色运用自如，表现生动，由此也可以窥探他们内心深处的样子。在欣赏西洋画时如果留意这些，可能会变得更加有趣。

丁髻男子眼中追求流行色的姑娘

时尚杂志通常会领先季节，向人们传达最新的流行色。这些“流行色”其实是在许多策划的支撑下出现的。比如，国际流行色委员会提前两年就开始设计各个季节的流行色，等到了该季节就向大众媒体传播，消费者受到影响就会选购带有流行色元素的商品。但是，人的内心也会受到环境的影响，如果发生了类似两年前那种无法预测的大的自然灾害或战争等社会性大事件，受此氛围的影响，流行色的计划可能就会落空。有时候还会出现虽然精心策划但就是流行不起来的情况。由此看来，商界形势果然很复杂啊！

流行色并非起源于现代。在日本，被称作“流行色”的“社会现象”出现在江户元禄时代。这个时代是武士支配社会，此时战乱已经结束，社会进入稳定发展阶段，人们的生活也很安定，经济日益发达，江户的城市人口在中期超过了 100 万人，成为一个大都市。

在这一时期，身份低下的商人数量超过了武士，在财力上拥有绝对性优势。那么，以奢侈豪华的公家[①]和大名的生活作风为目标的男性富商，是如何挥霍金钱度过闲暇时间的呢？

是的，就是去烟花柳巷等地大肆玩耍。当时地位高的人气艺伎不仅貌美如花，而且具有极高的修养。日本古代的烟花巷是可以与欧洲的文化沙龙相媲美的地方。比如时代剧中经常登场的纪伊国屋某某，流连于烟花巷，但若是没有教养、言行粗俗就会被嫌弃。当然，这只是电视剧中的场景。

那么，当时的太太、小姐们在做什么呢？她们在大肆购物，盛装打扮去赏樱、游山玩水、观看歌舞伎等表演，还身穿独具匠心的豪华新款和服争奇斗艳，这样的“服装比赛”在当时也很盛行。

这些富商太太的服装比赛是人们关心的热点，当时的随笔和日记等记录了服装比赛的华丽场面。这种对于生活潮流的享受，逐渐从富商延伸到普通商人，从而拉开了江户町人文化的序幕。

幕府为了维持社会安定，采用参觐交代[②]等体制抑制大名的经济力量。而且为了控制商人的势力，幕府多次颁发“奢侈禁止令”，全面禁止奢侈豪华的生活。在服饰方面，根据不同的身份从布料种类到花纹、颜色都有规定，像红色、紫色这样鲜艳的颜色、金丝银

---

① 日本政权中贵族阶层的代称。

② 是日本江户时代一种控制各大名的制度。各藩的大名需要前往江户替幕府将军执行一段时间政务，然后返回自己的领地执行政务。

丝的刺绣和高价织物、总鹿子（手工艺精细复杂的染色法）等华丽的服装是禁止商人穿着的。

允许使用的颜色染料是便宜的茶色系、鼠灰色系和蓝色系染料。当时甚至还出现了“四十八茶百鼠”这个词，可见那个时代诞生了多少茶色系和灰色系的颜色。据说庶民很享受这种稳重典雅的色调变化。

事实上，有资料显示当时的茶色系颜色的总数竟然高达 153 种。可见，商人们对色彩的追求可谓达到了几乎贪婪的程度。当时好像也有人低调地炫富，所穿衣服表面颜色素淡，内里却鲜艳华丽，并带有精致的刺绣和图案。

在这样以庶民为代表的江户时代，也不乏时尚达人——就是那些富商投入大量财力的烟花柳巷中的人气艺伎。

一般的女性会临摹艺伎的“美人画（浮世绘）”，仔细确认她们的妆容、发型、和服的颜色和纹样，然后以此为模板竞相效仿，就好像现在效仿时尚杂志穿搭一样。艺伎们好像也明白这一点，所以下了很大的功夫构思设计，真不愧是专业的。

此外，当时还发行了和服颜色、纹样等的样品“雏形本”，为商人提供一种向大众介绍“这就是现在的流行色”的途径，女人们看完可以自由选购上面提到的商品。

当时最为盛行的“流行色”，一般都是“艺人色”，也就是歌舞伎演员因角色扮演的需要喜欢使用的颜色。女人们都去观赏演出，而且都穿着自己喜爱的歌舞伎演员的“艺人色”，就像是现在的粉丝们手持杰尼斯[①]团扇的感觉吧！

在艺人色中最有名的是“路考茶”，它是男旦名角喜欢的颜色，属于金茶系中略带橄榄绿的茶色。另外还有许多艺人色，如“梅幸茶”是黯淡的苔色系茶色，“团十郎茶”是明快的赤茶系，“璃宽茶”是素雅的焦茶色，等等。从丁髻男子身边走过的女孩们，就像是杰尼斯粉丝一样穿着艺人色服饰行走在大街上，想象一下她们的模样也觉得挺欢乐的。

作为一种“社会现象”在庶民中产生的流行色，如果不是当时的人们生活安稳富足，是不可能出现的。在此之前，色彩文化不过是属于贵族和武士等特殊人群的文化，江户时代可以说是对色彩的追求和喜爱开始向平民过渡的时代。

① 杰尼斯是日本一所著名的艺人经纪公司，以推广男艺人和男性偶像团体为主要业务。

第四章 绿色

绿色意象所传达的内容

看到绿色，我们脑海中一般会浮现出自然、植物、森林、树叶、草等。进一步来说，还有我们在大自然中的感受，如治愈、平静、安详、和平、安全等。另外，从莴苣、菠菜等蔬菜还可以联想到我们对食物新鲜、健康的期待。

绿色的意象在食品包装等方面发挥着重要的作用。据美国康奈尔大学的调查研究，在同一间巧克力酒吧里描述相同食物的热量，

绿色的树叶

更多人觉得使用绿色标签比使用红色和白色标签更健康。可见，食品给人的印象会受到色彩的影响，制造商也利用了这一点吧！

说到食品包装，过去绿色给人的印象有点土气、单调，包装上不怎么使用绿色。相对于城市的高楼林立、新鲜刺激，农村好像只有自然风光、单调乏味，这种感觉就投射到了绿色中。

但是，在发展的名义下，全世界的自然环境不断遭到破坏，等人们回过神来，发现周围的绿色越来越少，环境破坏、大气污染，以及由此引发的疾病已成为非常严重的问题，于是绿色的重要性和价值迅速提升，绿色的意象焕然一新。现在，不仅是食品包装，在环保节约中首先想到的就是绿色，注重健康、天然、对人无害的东西基本上也都与绿色相关。就好像达成了协议一样，在世界各国都能见到这样的商品。

的确，即便不是真正的绿色，像苔绿色这样哪怕只是带点绿色的颜色，我们看了也会觉得安心。虽然这和糕点的标签颜色效果不无关系，但无论使用方法如何，如果将这种对绿色的感觉追溯到植物的效果，就可以发现这种安心的感觉并不是错觉，而是真实存在的。

实际上，绿色植物有治愈人的力量，人们对此也进行了各种各样的研究。比如在我们身边或室内放置观叶植物可以提高注意力，嫩叶和绿茶的香味有助于减轻疲劳，等等。其中，我最关注的是森林浴的效果。

目前，森林浴研究、森林医学研究在全世界进行得如火如荼。日本医科大学的研究报告称，森林浴可以使免疫细胞活性化，一次体验的效果可以持续一段时间。研究已经证实，一天的森林浴能够降低压力荷尔蒙水平，是可以推荐给忙碌人群的科学的放松方法。另外，森林浴预防癌症和抗老化的效果也值得期待。

美国斯坦福大学进行了一项实验，调查人们漫步于大自然和马路后大脑内的血流等状况，结果显示二者存在差异，走进大自然的人身体情况得到了改善，放松的感觉更强烈。树木释放出的被称为“植物杀菌素”的挥发性物质，一直以来被认为会给人的免疫力和身体状况等带来良好的影响，这也在实验中逐步得到证实。

与大自然亲密接触后人们发生的变化，是来源于“植物杀菌素”，还是有其他原因，又或是受到天然绿色的影响？这里面包含着各种因素，研究还在继续。不过，目前可以确定的是，比起在大马路上散步、打发时间，到绿色环绕的大自然中更能缓解压力、消除疲劳。

考虑到这些因素，可以说正是因为动物（人类）从远古时代开始就融入植物的世界中，所以才能一直存在，并进化成我们现在这样可以在绿色中保持健康的身体和精神状态的样子。最近兴起了在桌上摆放小型观叶植物的热潮，这大概也是喜爱绿色的一种表现吧，毕竟我们人类一直被绿色守护着。

你见过黄莺吗

莺绿色究竟是一种什么样的颜色呢？它原本的颜色是略带素淡茶色的暗黄绿，不属于明亮色，你是不是觉得有点意外？

有人听到“莺绿色”，脑海中会浮现出明亮的嫩绿色，这是早春的日式点心“莺饼”带来的印象吧！最近，有些商店出售鲜艳的嫩绿色莺饼，但历史上莺饼的做法是先用黄色粉末再用莺绿色粉末制作而成的。莺绿色粉末是用炒熟后依然是青色的青大豆做的，所以是黯淡的浅绿色，并不是明亮的嫩绿色。

我们现在已经完全见不到黄莺的身影了，所以看到这种嫩绿色的莺饼，或许很多人就会认为这是莺绿色。另外，日本有句谚语叫

黄莺

“黄莺登梅，配合得当”，所以也有人看到喜欢梅花蜜的鸟将其错认为黄莺，以为这种鸟的颜色就是莺绿色。

通常被人们错认为黄莺的鸟主要是“绣眼鸟”，与害怕在人前出现的黄莺不同，绣眼鸟体形娇小可爱，羽毛呈漂亮的黄绿色，眼部周围形成白眼圈，早春时节会频繁地出现在城市里的梅花树上，所以人们将其可爱的外形与黄莺美丽的歌声联系在一起，很容易弄错。

对莺绿色的误解或许还受到“花牌”的影响。江户时代形成了现在的花牌形式，在当时流行养野鸟，黄莺是江户庶民非常熟悉的鸟，所以他们应该很清楚莺绿色为何色。现存的初期古花牌上的黄莺，就是黯淡的浅绿色。当时的人们熟知黄莺的颜色，不过花牌上的黄莺本来就是黯淡的颜色，还是经过时光的洗礼变黯淡了，这个

绣眼鸟

问题不得而知。不管怎样，花牌中黄莺的颜色不知何时演变成了现在这种鲜艳的嫩绿色。

还有一种因素可以考虑在内，即在热闹的玩乐场合，强烈鲜艳的颜色与气氛更适合，所以花牌上黄莺的颜色慢慢就演变成了鲜艳的颜色。具体原因为何、源于何时都不太清楚，总之现在很多人将“莺绿色”误认为是“明亮的黄绿色”。

只是，“颜色的误判”经常会发生，比如说起苹果和香蕉的颜色，如果做颜色再现的测试，人们通常会认为苹果是强烈的红色，香蕉则是鲜明的黄色。人们在记忆颜色的时候，通常会选择比实物本身更鲜艳的颜色，这叫“记忆色”。人们对于自己熟知的东西的颜色，在记忆中会使之变为比实际颜色更具特色的颜色，也就是人更倾向于记忆“令人喜欢的颜色”，所以再现的时候会和实际有差异。随着时代的变迁，色彩的性质也逐渐发生变化，这一过程或许也受到了记忆色的影响吧！

顺便说一下，在记忆色中经常说到的是女性的皮肤颜色。据说在选择化妆品粉底时，女性通常会将自身的肤色记忆成比实际更明亮的颜色，所以很难选择正确的色号。但是，皮肤的颜色各不相同，的确是很微妙的颜色，所以如果从固定的五种色号中选择，不匹配也是可以理解的。如果想要非常合适的粉底，需多次试验，不断寻找。想要追求美、创造美果真不是一件容易的事儿啊！

下面回到黄莺和绣眼鸟的话题。绣眼鸟有着圆圆的身体、圆溜溜的眼睛、漂亮的黄绿色羽毛，人们经常能在城市中见到。与之相比，真正的黄莺则略显普通，有着尖尖的喙，由于眼纹的关系看上去眼睛细长，身体呈接近于茶色的黯淡黄绿色，如今在城市里已经很难听到它的叫声了。

但是，当黄莺开始展示美丽的歌喉时，小小的身体铆足了劲儿，把歌声传向远方，此时的姿态真是可爱无比。在早春时节，有时候在城市里也能很幸运地邂逅如此美妙的歌声。真希望今后能听到黄莺的歌声唱响整个日本。

消灭蓝绿色影子的色彩顾问

环绕在我们周围的建筑物、室内的环境色彩，以及身边诸多商品的颜色，是不是在某种程度上一直影响着我们呢?

从第一次世界大战到第二次世界大战，关于颜色给人带来的影响，许多专家受政府委托都曾进行过研究，当时的目的是取得战争的胜利。色彩的影响是否会对军事工厂的生产效率起作用?选择什么颜色的武器和战斗服才不容易被敌人发现?这类关于颜色的问题都成了研究对象。

第二次世界大战后，美国在前人实验成果的基础上兴起了色彩顾问行业。他们从色彩的角度考虑商品的“市场营销”，从颜色的角度给出居住空间的“室内装饰”建议等，被誉为色彩搭配的指导者，也给日本各行业带来了影响。费伯·比伦和路易斯·彻斯金是美国著名的古典派色彩顾问，可以说他们的著作是现代日本色彩心理学中各种信息的来源。

或许是为了提高说服力，文中的描写相当有戏剧效果。比如，路易斯·彻斯金在其著作《居住空间色彩》中描写了这样一个故事（这个故事在他的其他作品中也曾出现，他似乎很喜欢这个故事）。

色彩专家（大概是作者本人）从一位男士那里听说他年轻的妻子每天闷闷不乐、愁眉不展，而且情况越来越严重，就给了他一些建议：把家里的蓝色墙壁改成橙色或粉色，并清除所有的黑色物品，给图画、陶器、雕刻等日常用具添加上红色或橙色色调。男士按照专家的指示去做，结果“过了一个月，他的妻子差不多就恢复正常了，变得像以前一样开朗。这个例子很好地展示了色彩给心理带来的影响和力量”。只是，他怎么能断言这个结果是色彩带来的呢？这一点并未得到证实。

剧情也可能是这样的：“年轻的妻子觉得丈夫不够爱自己而感到不安，不断地往坏的方面想，结果陷入了轻度的抑郁状态。后来她看到丈夫为了自己努力装修房间，于是渐渐消除了不安，恢复了精神。”作者没有听过年轻妻子的任何说法，所以真实情况如何，我们不得而知。

但是，当时作者使用了很多表现手法让人觉得这是一个真实的例子，所以人们都相信“仅仅用颜色就能改变人的内心”，结果诞生了许多“色彩神话”。

实际上这是玉石混淆。就像这位年轻妻子的故事一样，虽然里面包含给人带来冲击力的“所谓的心理学”，以及诸多和神秘主义相关的毫无根据的色彩故事，但类似的故事直到现在都经久不衰，广为流传。如此一来，不管到什么时候，都会被人在背地里偷偷怀疑其真伪，着实让人有些遗憾。

色彩会给人的内心带来某种影响是不争的事实，但是这并不代表能够“正确地”猜中“身穿蓝色衣服的人的心理”，也不是说根据所选的颜色就能读懂未来，这些都不在心理学的范围内。

话虽如此，各种色彩实验在日常生活中发挥作用也是不容否认的事实。研究成果被用作“色彩调节”也是在20世纪50年代。色彩调节是考虑到色彩给人类带来的影响，以抑制疲劳、提高生产率、防止灾害等为目的来运用色彩。例如，最有名的一个故事是：外科医生在做完手术后，说想要消除出现在眼前的若隐若现的影子，实验结果是把白色的手术服和手术室的墙壁换成淡淡的蓝绿色。

大家在诊室遇到的医生都是身穿白色衣服吧？但是，手术室不同。这是因为医生在手术过程中长时间地看着鲜红的血，根据“补色残像效应”，当其看向白色墙壁时，眼前会浮现和红色具有相反性质的颜色，即会看到蓝绿色的影子。解决办法就是把手术服和墙壁的颜色也换成淡淡的蓝绿色，如此一来就能避免这种情况的发生。

此外还有一个传说般的故事：在美国的工厂，工人们抱怨室内太冷，针对这种情况，解决方法是室温不变，依旧设定为21摄氏度，但是把白色的墙壁重新粉刷成淡橘色系的颜色，结果工人们就不再抱怨冷了。

只是，“色彩调节”的想法中包含着建筑师和委托人的喜好，虽然普及到必要的公共领域，但从结果来看还是逐渐衰退了。究其原因，有人认为仅仅依靠功能主义并不能满足人的内心，人们更希望自由地选择自己喜欢的颜色。

事实上，色彩调节在减轻视觉疲劳等方面也发挥着重要作用，这在生理学上已经得到了证实。除了色彩调节之外，合理地利用身边的颜色也能提高眼睛的辨识度，例如地铁的路线图，改变各个路线的颜色，人们就很容易辨别。像这样的颜色效果经常被应用到社会生活中。

室内装修也是如此，按照天花板、墙壁、地板的顺序，颜色依次由亮到暗，会给人一种安全感。狭小的房间想要看上去更大，选择米色系地板比深棕色效果更好。强烈的颜色不宜用到面积大的墙壁上，少量使用更为保险。根据颜色的亮和暗、轻和重、强和弱等性质，研究其正确的使用方法，可以在各种场合发挥作用。

现在，仍然需要购买色彩指南的是和当时的色彩顾问活跃在相同领域的市场营销吧！最近随着科技的进步，出现了能够看见大脑活动的“神经营销学”，并在宣传口号中多次使用颜色，受到人们的广泛关注，但是其效果难以测定。

而与颜色密切相关的实验，即便出现结果，但验证性、追试性和再现性都难以实现，所以其得出的结论在多大程度上值得信赖就成了问题。另外，在很多情况下，人们都会根据自己的方便对其进行“跳跃式解释”。色彩顾问提出的实验结果，如果不公开实验经过和分析，其在欧美国家也会被视为有问题。

上述问题先放在一边不管。当时根据色彩顾问的建议，消除了医生眼中蓝绿色的影子是千真万确的事情，这一度成为具有划时代意义的话题。这种轰动世界的效果就像是中世纪欧洲的炼金术一样，不过这次的影响是由颜色带来的。

绿发和绿儿与绿色的关系是什么

在与绿色相关的词语中，最近完全听不到的是“绿发”和“绿儿（婴儿）”。由于染发膏的流行色发生了变化，以前的说法不再使用了，所以很多人不明白为什么黑发是绿发，为什么婴儿是绿儿。

这些都是以前的表达方式，“绿”这个词代表着“新鲜的生命力”，象征着生命的光辉，这种感觉或许现在的我们无法深切地体会。

古代日本的先进文化来源于中国，比如把传入的汉字和日本原有的大和语言相融合，以汉诗等文学表现为范本吟唱和歌，以及直接引用汉语词汇等。在当时，引用中国文化是有修养的表现。

“绿”现在属于绿色的范畴，但在古代被归纳在蓝色系中，并不是独立的。日本固有的词是“みどり”，在汉字从中国传来后，它与色彩的称呼（色名）“绿”联结在一起，成了“绿”的训读。

据说“绿发”这种说法也来源于中国。南宋诗人陆游曾在诗中写道:“一夕绿发成秋霜（一夕之间黑发变成了白发）”，其中“绿发”这个词表示乌黑有光泽的头发。自此以后，绿发就代指“女性美丽有光泽的头发”。另外，在古代中国，红（赤）和绿是一对，表示“活力”和“美丽”，有时单独的绿也表示美丽。

接下来说说“绿儿”。刚生下来的婴儿充满旺盛的生命力，由此渐渐演变成“绿儿”。

实际上，自古以来日本称婴幼儿为“みどりこ”，可见“みどり”这种说法一直都存在。而且在正仓院保存的文书，以及《万叶集》《大镜》等收录的和歌中都曾出现“みどりこ”的用法。

在正仓院文书中，出现了“绿儿”二字，《大宝律令》中规定3岁以下的孩子称作“みどりこ”，这里面的记载真是相当有趣！这种用法代表着什么寓意呢？

日本大和语言中的相关解释有很多，不过最有名的说法是:“みどり”最初不是指颜色，而是指“嫩枝”和“新芽”，也就是刚长

出来的（植物的）状态。例如，在《大镜》中有首和歌“年を経てまちつる松の 若枝に うれしく逢へる 春のみどり児”，里面的“みどり”指的不是颜色，而是嫩枝本身。

还有研究者指出，“新芽、嫩芽”与“みどりこ”的关系可以追溯到《日本书纪》的“神代卷抄”，里面记载的是神仙诞生时的故事。书中自“古天地未剖”开始，在天地处于将要分开的混沌状态时生出一物，“状如苇牙”，于是诞生了日本最初的神。“神的诞生”瞬间的意象被投射到植物上，可以说这里面蕴含着日本人的自然观和宗教观。

如果说人们能接受植物的诞生（新芽、嫩芽）与神和人的诞生具有相似的感觉，那么把幼儿说成“みどりこ”也就不足为奇了。大和语言中的“みどり”充满了新芽所具有的娇嫩和生命力的意象，

新芽

这种状态逐渐衍生出“绿发”和“绿儿”，并被人们接受。

接下来是从让人感受到生命活力的“みどり”发展为“绿”，作为颜色的名称渐渐固定下来。在《万叶集》中“绿”的表现还比较少，之后在《古今和歌集》中逐渐增多，例如其中的一首和歌“常盤なる松の緑も春来れば今ひとしほのいろまさりけり（松绿寻常色，四时不变形。春回大地绿，松树也增青）”。于是，“绿”就作为表示颜色的词语被确定下来。现在，“绿”成了植物和自然本身，在我们的印象中，已经无法把自然和绿色分割开来。

此外，在日语中表示绿色的文字除了“绿”之外，还有“翠”和“碧”，这些也是从中国传入的。

“绿”是植物的颜色，而“翠”中带有“羽”字，是名为“翠鸟”的鸟的羽毛颜色，就像孔雀身上富有光泽的绿色。

翠鸟

“碧”在日语中既可以读作“みどり”，也可以读作“あお”，字中带有“石”，表示是像宝石一样坚硬的绿色，也可表示像青绿色以及深绿色那样的颜色。如此这般，由于颜色的“表情”不同而用不同的汉字来表示，让人不由得感叹：汉字果然是博大精深啊！

绿色信号是冒险之旅的邀请

在与绿色相关的话题中必然会提出的问题是：为什么交通信号灯中的“蓝”信号表示的是绿色？为什么绿色的蔬菜和其他植物的叶子被说成是“蓝翠”？也就是说，日语中经常用“蓝”来表示“绿”。的确，无论是谁大概都会有这样的疑问吧！

看着绿色却用蓝色来表达这种感觉，在我们的日常生活中屡见不鲜。对于日本人来说，无论哪个都和“色名”有关。

我们首先从信号的颜色谈起。据说最初设计信号机颜色的是英国。20 世纪 30 年代英国铁道公司对信号机的颜色进行了实验，来验证什么颜色更容易看清，得出的结果依次为“白、赤、绿、蓝”。

红色一直用作危险信号，于是接着使用。安全信号则采用了白色。这就是最初的信号机颜色。后来，由于周围的状况使白色容易与其他光线混淆，红色的遮盖部分脱落后变成白色的光容易引发交通事故，所以信号机颜色就变成了红色和绿色。

1930年，日本从美国引入的“红、黄、绿”三色信号灯，首先设置在东京日比谷十字路口。当时，在日本法令上的颜色是“绿”，但是大众媒体因为日常的感觉把绿信号表达成了“蓝信号”，这种叫法也被日本国民广泛接受。1947年，由于这种叫法已非常普及，所以在法令上改为“蓝信号”，于是日本信号灯的称呼比起“绿”，更常见的是“蓝”。

但是，作为国际规格，这是特殊的情况。对于光做出各种规定的国际机关CIE（国际照明委员会），把交通信号灯的颜色设定为“红、黄、绿”。另外，JIS（日本工业规格）在《安全色彩使用通则》中规定，红色代表“防火、禁止、停止、高度危险”，黄色代表“注意”，绿色是“安全、避难、卫生、行进”，蓝色是“指示、警惕”，所以逃生出口的标识文字配置的引导灯就是绿色的。

从颜色的使用通则来看，总觉得只有信号灯的使用不是那么自然。但是，在日本人的日常生活中，把绿色的蔬菜称为“蓝物”，把绿叶称为“蓝叶”，把绿蛙称为“蓝蛙”，这些都毫无违和感。可见，把“绿”称为“蓝”已经渗透到日本人的生活中。因此，当时的大众媒体把绿色的信号灯叫作“蓝信号”也是可以理解的事，而且“蓝信号”比“绿信号”说起来语调更通顺自然。

绿色和蓝色之间的称呼关系，在日本是很早就有的习惯。日本大和语言中的“みどり”用汉字“绿”表示，成了颜色的名称，实际上在平安时代以前，“あお”作为颜色名称，除了表示蓝色，还可以表示绿色、灰色、浅蓝色等，“蓝”的范围真的是很广泛。

当时咏唱的和歌中“みどり”之所以用得较少，是因为当时植物的颜色被称为“蓝”。

青山を横切る雲のいちしろく我れと笑まして人に知らゆな（你像是缭绕青山的白云一样，分明是在对我微笑，不要让人知晓我们的关系）。——大伴坂上郎女

振分の髪を短み青草を髪にたくらむ妹をしぞ思ふ（因为分头的头发太短，就用青草系着，我对如此可爱的恋人思念到不能自已）。——作者不详

《万叶集》中的和歌，也把绿山、绿草用“青”（蓝）来表达，可见蓝的范围中包含绿。

相反地，在平安时期的文学中，经常用“みどりの空（绿空）”来表示蓝色的天空。相关解释有很多，可见在感觉上绿和蓝的界限模糊不清。

尽管日本在古代就有把绿表现为蓝的文化背景，但在欧洲也有说法认为，这种绿和蓝的“混乱”代表着日本人对颜色的不成熟感受。

但实际上，在全世界范围内，用一个词来表示蓝和绿的语言并

不少。只是，这常见于亚洲、非洲、中南美洲等地区，在欧洲语言中蓝和绿的词语几乎不会混在一起。

我们的皮肤颜色因人种的不同而不同，那是由于应对紫外线而产生的黑色素不同，所以黑色素导致我们的皮肤颜色、瞳孔颜色都不同。

因此，这里有一个假说：黄色人种等受黑色素的影响，瞳孔的颜色较暗，所以与白色人种相比，对蓝和绿的敏感度就降低了。瞳孔的感光度导致绿和蓝的界限模糊，从而成为影响色彩命名的“一种要因”。1973 年，马克 · H. 伯恩斯坦发表的这个假说，其关于色彩命名的调查受到从事文化人类学相关研究人员的大力支持。但这只是一个假说，并未得出确切的结论。

人们看到的不同颜色其实是光的不同波长产生的视觉效应，用物理学可以对光进行解释说明。但是，所谓看见颜色，指的是如何接收并感受映入眼帘的光的信息，这是个非常主观的（个人感觉的）问题。

这个问题在认知心理学、精神物理学、进化心理学等领域，以及在语言学、文化人类学等学科，到底应该在什么范围内、利用哪些知识、如何进行研究呢？总之，需要集合各种智慧。

是的，仅仅一个为何用“蓝信号”指代绿信号的问题，就引发了知识总动员，进行了一次通过全世界的历史、文化和科学探索人类自身的旅行，真的是太开心了！

虽然只探究了一种颜色，但我们也认识到，理解不同的文化和文明是一件多么困难的事情。色彩的世界真是博大精深！

绿色是超越人类的神圣之物的象征

现在，“绿”这个词和植物密切相关、不可分割，其实这种感受自古以来就存在。古代人感受到植物里蕴含着神圣的力量，并将其作为信仰对象的时候，把这种灵力和绿色关联在一起。就像玛雅文明中受到尊崇的翡翠一样，人们相信绿色具有和植物相同的神奇力量。

例如，在古埃及的尼罗河畔，草木随着季节的变化而变化。冬天枯萎凋零的植物，到春天再次冒出绿芽，起死回生。看到这些，

孔雀石

让人联想到人类的死亡，但不同的是，植物可以复活。人们被这种神秘的力量震撼，于是把植物与超越性的存在、神圣的力量联系在一起。

古埃及的奥西里斯神，原是丰收之神，从死后的世界复活后，作为“与复活相关的存在”，成为统治冥界的冥王，他的皮肤颜色就是绿色。死后复活对当时的人们来说极为重要，在发掘出的木乃伊中发现了很多陪葬的孔雀石，因为当时的人相信这种绿色的孔雀石具有各种神奇的效力。

人们相信孔雀石如果作为眼睛的装饰使用，其力量会从眼睛进入体内，从而起到驱邪的作用，所以在木乃伊的眼睛周围也都放上孔雀石。而且，想要复活的死者站在奥西里斯神面前时，通常会把绿色的石头当作护身符。

植物发芽、生长、衰退、死亡的循环周期，也适用于人类，但唯独有一点不同，即第二年再发芽的“复活”。人们如果想要效仿，就需要一个容易理解的象征——绿色的力量。

死和复活是持续的循环，但也有植物永远保持着不老不死的状态，在应该衰亡的时候也不会死亡，那就是常青树。一年四季保持着绿色叶子的常绿林，即便是在寒冷的区域和大雪中依旧凛然矗立，不会枯萎。古代人认为那是被神选中的存在。

这种“死和再生”“不老不死”被人们理解为“植物具有灵力”，出现在全世界的文明中，成为植物信仰、常绿林信仰。日本在佛教传入前，对植物的信仰崇拜就已经根深蒂固。古代的日本武尊在征战途中弥留之际，思念着故乡咏唱了一首和歌。

“命の またけむ人は たたみこも 平群の山の 熊白檮が葉を うずに挿せ その子（生命尚存的年轻人哟！去穿越连绵起伏的平群山，取得“辟邪作用”的栎树枝，将其插在头发上吧！）。”

这首和歌中出现的栎树也是常青树。神话传说也在歌颂常青树的力量，可见其历史久远。

其实在我们的日常生活中保留着许多关于常青树的传统，让人意想不到。设置神龛的家庭虽然减少了，但是里面供奉的“サカキ（榊）”也是常青树。关于其名字的由来众说纷纭，有神和人的世界的“境界之木”之说，以及是“荣木”“贤木”等神圣之树

栎树

的通称之说，等等。但是在没有山茶科植物的地区，会使用其他常青树。

神圣的树木在隔开神与人的世界的同时，也将二者联系在一起，人们认为神会来到有常青树的地方，也就是说，常青树是神的依附物。因此，在年初给人们带来一年幸福的“年神”，会降临到新年的门松上，而门松使用的松树等也是常青树。

在 2 月立春前一天的节分，家家户户会在门口插上柊树枝，人们认为尖叶状常青树的辟邪消灾效果更佳，所以用来驱鬼。到了 3 月份，或许你会认为女儿节总没有常青树了吧！不，在女儿节偶人装饰中有柑橘，这是日本固有的柑橘类植物。据《古事记》和《日本书纪》记载，垂仁天皇派人到常世之国，耗费 10 年时间带回来长生不老的灵药——“非时香果”，有观点认为这种灵药就是柑橘。

《古事记》 安万侣

但是，如果柑橘是日本固有的植物，那么带回来的灵药是柑橘就有点前后矛盾了。不管怎么说，柑橘屡屡出现在家纹中，也说明人们大概是想借助常青树不朽的生命力吧！女儿节偶人装饰中的柑橘，代表长生不老之意，而带着果实又和丰收祈愿、子孙繁荣的要素联系在一起，果然是女孩的节日啊！

在日本人的意识中，常绿植物的灵力不仅仅是死亡再生及长生不老的象征，还包含祈祷农作物丰收、子孙繁荣昌盛的意义，其香味和成分甚至还可以入药救人等，总之是很灵验的存在。

此外，日本源源不断地从中国吸收先进文化，而中国常青树的代表是松和柏。松和鹤组合在一起所作的吉祥画可用于祈祷长寿。松是象征长生不老的喜庆植物，而柏好像代表着忠诚等，不同于与神相连的神圣感。

虽然日本的传统仪式有很多是从中国传来的，但新年的门松是日本独有的东西。也就是说，认为常青树是神的依附物这种观点来源于日本固有的古神道。

因此，绿对于日本人来说，具有超越人类的“自然”本身的强大力量。包括灵魂在内，所有的空间都蕴藏着神圣的力量，我们被这些东西包围着，大概就是这样的感觉吧！我觉得正如《日本书纪》中“神代卷抄”所记载的那样，神的诞生被描绘成植物长出新芽的样子，形象地表达了日本人的世界观。

虽然现代日本人被认为是无宗教信仰的，但是在自然空间内感受到神圣，灵气景点的热潮都与日本人的生活息息相关。所以说，日本古代的这种世界观并未消失，仍然存在于日本人的生活中。

另外，从地理环境来说，日本的山地和森林较多，从而形成了日本人对身边的草木、常青树、巨木、森林和山林的植物信仰以及丰富多彩的自然崇拜。

在绳文时代，巨大的栗木为人们提供食材，确保他们能够过上安定的生活，从而出现了巨木信仰。有学者认为，巨木信仰的影响体现在神社和寺院的粗柱建筑样式上。如此说来，日本三大奇祭之一的长野县御柱祭也是巨木信仰的延续吧！御柱祭指的是从山中砍伐十六棵巨大的常青树冷杉，作为诹访大社神木而举行的祭祀活动。

从伐木前很早就开始在山中选择粗壮笔直又漂亮的冷杉作为神木，然后在树上系上注连绳等待祭祀之日。我个人觉得，它有点像是被当作祭品的美女，让人不由自主地想要拥抱，这也是多神教中万物有灵论的感觉。正因为有这种万物有灵论，才可以说树木信仰、自然崇拜是成立的吧！

绿色对于和自然关联如此紧密的日本人来说，有时会和西方人认为的绿色的意象稍有不同。因为在看绘画的颜色时，欧美人对绿色的解释偶尔会有一种违和感。为了探究这个问题，下面我们来看看欧美人对绿色的看法。

圣诞节是谁的祭典

日本每年都会庆祝耶稣的生日即圣诞节，但是几乎不会在佛陀的诞生日举行花祭。当然，从活动战略来看，这也是无可奈何的结果。

巨大的冷杉上挂着五颜六色的华丽装饰，圣诞老人的魅力传说和令人期待的礼物，再加上家人围坐在一起的温暖的餐桌，圣诞节对于恋人们来说是共度二人世界的浪漫节日，对于孩子和父母而言都是回味无穷的幸福的象征。

圣诞节的核心是圣诞树和圣诞花环。虽然华丽的程度不同，但是这和日本的门松和松饰一样都起源于常青树信仰。但是，这种“自然之神”降临的常青树信仰却存在于基督教中，这本来是对立的结

圣诞树

构，是不是有点奇怪？那么，我们就从圣诞节出发，来探讨西方人眼中的绿色意象吧！

人们把耶稣的诞生日称为圣诞节，但事实上并没有关于耶稣诞生日的记载。圣诞节的起源实际上是多神教举行的“冬至”活动。古代欧洲各民族在冬至时都会举行祭祀仪式，于是将此与耶稣的诞生日联系在一起。虽然祭祀的对象有所不同，但是举行类似的祭典，也未尝不可吧！也就是说，让祭典形式存续，仅在意义上发生变化。

树木信仰和常青树信仰是出现在所有古代文明中的自然崇拜的一部分，包括太阳在内的自然本身被赋予人格，是与人类生存的一切息息相关的神。

但这并不是为了传教而扩散的宗教性心象，而是源于对自然的敬畏，自然而然出现的。对于古代人来说，这是通过自然来了解世界的一种理所当然的感觉吧！正是这种对世界的认知，使人们在常青树中看到了永恒的生命，于是开始向其祈愿丰收、平安生育、恢复健康，希望好的事情到来、躲避坏的事情等，甚至祈祷解决人生的所有问题。

对自然的信仰在欧洲地区以各种形式展开，这也是理所当然的。欧洲有生长着巨木的广大原生林地域，作为孕育神圣力量的场所，自然会产生森林信仰等。其中，最有名的当数凯尔特人和日耳曼人的神圣森林的树木信仰。

在凯尔特，冬天也不会枯萎的栎树被看作最神圣的树木，而日耳曼人也信仰栎树。而且，栎树还是希腊神话中掌管宇宙万物的最高神宙斯，以及罗马神话中最高神朱庇特的象征，真是伟大又神圣的树木。

有一种说法是，栎树由于高大容易落雷，所以成为神降临之地，也就是神灵依附物。与暴雷声一起从天而降的光仿佛以什么为目标，让人觉得这是高深莫测的神的印记，那种感觉大家应该都能理解吧！

许多古代世界诞生的对自然的信仰，同样也出现在欧洲。植物，特别是看起来长生不老的常青树，被看作神一样圣洁的存在。而圆形并以寄生形式生长在空中的常青树槲寄生，会让人觉得是更加神

槲寄生

秘的存在。所以，槲寄生也是一种自古以来被崇拜的植物。现在欧美还流传着一种浪漫的传说：“在槲寄生下相遇的男女必须亲吻。”这也是与丰收有关的常青树信仰。

另外，圣诞节中使用的槲寄生和柊树的花环，从希腊神话时代起就是用诸神的灵木常青树制作的，用于祝福之冠、仪式和驱邪，据说相关文化也被罗马人继承下来。

树木信仰与巨木信仰相关联，而且折取巨木的树枝转移灵力，还可用于庆典仪式中，圣诞花环就是其中一例。另外，圣诞树虽然不是巨木，但是砍伐大小合适的神圣之木带回家这种形式是共通的，所以也可以说这属于巨木信仰。

关于圣诞树的起源有很多种说法，比如用作日耳曼人冬至祭典的装饰，冬至时当作柴火来点燃太阳神化身的火焰，拿来立在门口，等等。另外，据说在欧洲的斯拉夫民族，还用其作为冬至祭典的装饰。

相似的祭典和与树木相关的流程，在欧洲各多神教中都可以见到，所以圣诞树的起源也是多种多样。大概是基督教引进了当时诸多土著宗教的仪式并赋予其意义，逐渐调整其形式，最终演变成圣诞树。

此外，据说圣诞老人也起源于土著信仰，本来是给孩子送礼物的多神教中的妖精，后来与基督教的圣·尼古拉斯传说相结合。

丰盛而令人愉快的餐桌，据说也起源于冬至的习俗，即为了让冬至时出现的死者灵魂和恶魔不做坏事而为其准备丰盛的食物。在感觉上是不是截然不同?

作为教义而言，更重要的是“复活节（耶稣的复活祭）”和在欧洲被众人期待的“五月祭”。这些起源于向春季女神、夏季女神祈求五谷丰登的祭祀活动，但现在都已成为基督教的节日，而且这些习惯都被常青树信仰点缀得多姿多彩。

接下来我们终于要说到“绿”了。也就是说，即便是宗教也很难隔断在远古时期的原始林地形中孕育而成的自然和人类的关系，即使将其改变，有关植物和绿的信仰也保留了下来，这是清晰可见、毋庸置疑的。

因此，对于人们来说，绿色是放松身心的存在——虽然想这样说，但事实并非如此，中世纪的“绿”以其他形式给人们的内心带来了深远的影响。

莫把绿色当成你的敌人

很久以前，我在刚读到一本关于孩子的绘画研究的书时，产生了一种奇怪的感觉。

美国的研究者马文·莱博维茨从孩子绘画中使用的绿色联想到“成长”和“金钱”。当我读到这些的时候很吃惊：咦？由绿色联想到金钱？这在日本的孩子身上是完全不会出现的感觉。

即使时代和国家不同，但颜色中含有“共通的象征性意义”，也可以从中看到普遍性。不过，分析者也有可能存在不同的解读方式。由于不同的国家会出现不同的颜色意象，在捕捉颜色本身的基础上，我们还需要注意其中是否包含特殊的背景。

接下来我们回到绿色和金钱的话题，在美国“由绿色联想到金钱”是很普通的想法吗？答案是肯定的，因为绿色是美国纸币的颜色。

在南北战争时代，急需战争费用的政府发行了大量美钞，纸币背面（现在是两面）印刷成绿色，所以现在美钞也被称作“绿背纸币”，有时只说“绿背”。据说选择绿色是一种防止伪造钞票的对策，因为当时只有黑白写真技术，难以复制彩色钞票。此外还有说法是，因为绿色油墨便宜，而且可以大量入手。

孩子会经常看到纸币，而且会观察父母重视什么，因此在美国孩子的画中出现绿色与金钱相关联的表现也不足为奇。

关于对绿色的印象，也有人认为赌场的轮盘和巴卡拉的桌子都是绿色的，由此就把绿色和赌博、金钱联系在一起。我好像在哪里看到过“为了使精神更容易集中而使用绿色的赌博台”的说法，但这种说法是错误的。因为欧洲的赌博桌从 16 世纪开始就已经是绿色的，当时刚开始盛行搜捕女巫、清除异己的活动。在那样的时代，完全不可能出现绿色能够使人“集中精神”的想法。

总之，日本和欧洲关于绿色的部分意象是不同的，如此宏观来看，还能找到其他许多不同之处。

例如，英语“be green with envy”的意思是“非常嫉妒”，以前莎士比亚也用“green–eyed monster”和“green–eyed jealousy”表示嫉妒心，这些都与绿色相关。

在法国、德国、意大利、荷兰的语言中，都可以用绿色表示“年轻”“未成熟”之意（日本则把“绿”换成了“蓝”），相同的意象可以说代表着“在绿色中看到了植物”。但是，在这些语言中绿色也含有“嫉妒”“愤怒”之意，这显然和日本的绿色性质不同。

另外，在欧美还存在一种迷信，即认为绿色在所有颜色中是最不吉利的。例如，在剧场不会使用绿色，如果身穿绿色衣服，就表示演员和戏剧将遇到不幸；新娘的婚纱禁止出现绿色，不然就会变得不幸；信纸的油墨如果是绿色就会发生不好的事情（挑战书的油墨颜色是绿色）；等等。

就这样，从中世纪开始，绿色就是不吉和恶魔之色，但同时残留着年轻、幸运等自古以来的意象，结果造成了绿色的双重性格，成为象征着偶然和命运的颜色。对于人类来说，绿色是不可思议的颜色。

因此，漫画和电影中登场的“怪物”，如绿巨人浩克、怪物史莱克等都是绿色的，对吧？仔细想来，的确如此。

但是，还是让人有些难以接受，为什么欧美人会觉得绿色是不吉利的颜色，甚至成为怪物的颜色呢？从日本人的角度来看，有一种不可思议的感觉。

前面也提到过，在古代欧洲人们认为常青树的绿色中蕴含着神圣的力量，具有相同的自然崇拜和常青树信仰的日本，并未对绿色产生不吉利的意象，但是它在欧洲却夹杂着不吉，对于这样一个事实，你不觉得很奇怪吗？

我觉得需要考虑的主要原因还是给文化带来重大影响的宗教吧！

首先，“混合、搅拌、融合”是神应该做的与“创造”相关的行为，或者是欺瞒神的行为，因此受到嫌恶，进而被管制。

其次，经济的重要支柱——染色行业被严格管理，根据颜色的不同分工为赤染集团、蓝染集团等，完全被分割开来。但是，绿色是一种无法染得漂亮的颜色，还需要使用黄色、蓝色等染料，但这在当时的情况下是不可能的。而且，“混合”行为是对神的亵渎，本来就不予考虑。由此，用单一染料染出来的劣质绿色，很快就会褪色，变成灰绿色。也就是说这和根据季节“变化”的自然一样，在日常生活中很快就会“变成脏兮兮的颜色”，这就是当时的人们对绿色的看法。

这种不确定和不稳定，使得曾经象征着丰收（人类则是结婚、生育、富裕和幸福）的绿色，转化为“变化的象征”，成了不贞和轻浮之色。于是，绿色就转变为不好的颜色。在没有宗教规制的日本等亚洲国家，混合了蓝色和黄色染料制作而成的漂亮绿色已经融入人们的日常生活中，这与欧洲国家有着很大的不同。

欧洲国家认为自然是神为人创造的，再次将其吸收到文化中。日本庭园是原封不动地引进自然、再现自然，而欧洲园林刚好相反，根据左右对称、几何形状进行改造、调整。二者接触自然的方式和欣赏方式都不相同。

通过以上的分析，可以说“在古代欧洲的常青树信仰中被尊崇为神圣之色的绿色”变成了“不吉之色、不稳定之色”吗？不，虽然这是其中一个方面，但是我认为这里面还包含着更重要的心理背景。

比起单纯的“消极因素”，人们对绿色的感情里蕴含着非常强大的“不安因素”，难道不是这样吗？因为“嫉妒和愤怒”是“一

欧洲园林

旦被笼罩就会变得非常恐怖的东西”，让人不由得脊背发凉。

这大概还是因为绿色是“象征着自然神力的颜色”吧！

自古以来就认为森林和树木中存在着神和灵力的欧洲人民，在成为一神教信徒之后，也无法抹去森林中存在着神秘力量的感受。森林宽广茂密，在很长一段时间都是难以开拓的地方。正因为抹杀了多神教的诸神灵且改变了信仰，所以就好像感觉周围的森林充满着愤怒和诅咒。这感觉是不是很恐怖？

虽然自然为神灵所赐，但实际上四季的变化、日照、暴雨等不是人类可以左右的，这是毋庸置疑的事实。维持着古代的灵力且带有愤怒的绿色，是蛊惑人心的恶魔之色，同时也是摆弄命运的颜色，一直伴随在人类左右。

因此，绿色总是伴随着不安。如果这样想，就很容易理解为什

日本森林

么绿色在欧洲各语言中会带有莫名的消极感和不安因素。

在欧洲的童话故事中，经常会说到森林是多么可怕的地方，如"亨特与格雷特""小红帽""威廉·退尔"等。森林里住着魔女，有骗人的妖魔，住在森林里的人都不可信。守护异端者的森林，是恶魔的住所，是禁忌之地。不知何时恶魔已经将住处转移到地下，但是对于绿色的恐惧不安，到中世纪以后也未能顺利地从人们的内心深处消除。

众所周知，目前全世界大多数国家都感受到了自然和绿色的美和重要性，将其看作有限的资源加以保护。现在这个时代已经忘记了常青树信仰。尽管在欧美的语言中还有所残留，但人们对绿色的不安已经消失了，终于从森林的"咒缚"中解脱出来。

但是，现在却演变成人类害怕"失去自然"的不安时代。这是不是有点讽刺呢？

第五章 蓝色

通过电影了解欧洲的蓝色与民族

蓝色被称为“受到全世界人民喜爱的颜色”，在日本人最喜欢的颜色中位居第三名。就孩子而言，都说男孩喜欢蓝色，女孩喜欢粉色，但实际上女孩也喜欢浅蓝色。

1941 年，心理学家汉斯·艾森克汇总了 26 位研究者的调查，分析了世界上 21060 人的数据，结果发现人们喜欢的颜色位居前三位的依次为“蓝”“红”“绿”，得出的结论是大多数民族都喜欢蓝色。但是，如果颜色发生细微的变化，结果可能就不同了，比起深蓝色，或许更多的人喜欢浅绿色吧！ 1940 年，美国心理学家吉尔福特就指出，从绿色到蓝色都很受欢迎，人们对黄色周边的颜色喜好程度变低，还有人喜欢明亮的颜色和鲜艳的颜色。

1995 年，千千岩英彰教授进行了世界范围内的调查，结果显示各个国家最喜欢的颜色还是蓝色。可以说，大家对蓝色的感受基本上是相同的。

人们对蓝色的印象，从对大海、天空、水的体验衍生出冰冷、清爽、遥远等感觉，进而和冷酷、沉静以及知性、信赖联系到一起。这种冷冰冰的感觉进一步发展，就变成了孤独、悲伤、忧郁等。基

《天使报喜》 达 · 芬奇

督教文化认为蓝色有献身、诚实、爱情、信仰等意象，因为圣母玛利亚的衣服颜色是蓝色。这是社会创造的颜色意象，原本和宗教并无关系，但这些词汇并不会让人觉得有违和感，或许这是蓝色的清爽感带来的影响吧。

但是，集万千宠爱于一身的蓝色在欧洲历史上也曾有被厌恶的时代。

例如，对于古罗马人而言，蓝色曾是卑贱的颜色。理由之一是，蓝色是抵抗罗马人并阻止其征服的异民族——凯尔特系、日耳曼系民族使用的颜色。在古代苏格兰东北部的异民族中，有一种“身体涂上彩色的人”——“Picts”。他们全身文着蓝色的刺青，被认为是可怕的“野蛮人”，还有人把他们的“想象图”描绘得如怪物一般。另外，在《高卢战记》中，恺撒描述道，凯尔特等异民族为了威胁对手，在战斗的时候“把身体涂成蓝色”。

曾获得奥斯卡金像奖五个奖项的电影《勇敢的心》，据说就是以苏格兰独立之战中真实存在的人物为原型拍摄的，在这部电影的高潮部分出现了主人公把脸涂成蓝色进行战斗的场景。在当时的欧洲，使用的是带有蓝色色素的植物菘蓝，无法呈现出浓郁的蓝色，后来出现的印度蓝色彩浓艳，于是菘蓝被渐渐取代，最终消失在欧洲的历史舞台。电影中使用的蓝色是像天空一样的浅蓝色，并不是深蓝色，这是完全正确的。可见这部电影在时代考证方面做得非常到位。

恺撒所描述的“威吓对手的蓝色”，用的并不是浓烈的蓝色，而是用“让人感觉像幽灵一样的颜色”使对手恐惧，也就是发灰的蓝色。难以呈现美丽浓艳色彩的菘蓝，用于恐吓对手或许正好合适。而罗马人讨厌的蛮族之色正是这种蓝灰色。

恺撒

从语言的角度来看，古代英语中并没有“blue”这个词，蓝色系的色彩好像都是用“green”表示的。到了中期，英语从法语借用词来表达蓝色。虽然古法语属于罗马帝国的通用语拉丁语系，但其中表达蓝色的单词并不是拉丁语，而是西日耳曼语，也就是经常使用菘蓝的异民族的语言。甚至在之前的希腊时代，蓝色也被当作异民族的颜色，表达蓝色的词语也是含混不清的。

虽然也有从中东、近东输入的蓝色颜料，但或许是因为对蓝色有抗拒感，制作出漂亮蓝色的技术在欧洲并未得到进一步发展，只能染出不纯净的蓝色，更加深了人们对蓝色的负面印象。也就是说，在古希腊、古罗马，由于敌对民族主要使用蓝色而使该色不受欢迎，从而显色技术也不被接受。

可见，颜色的印象受到多方面的影响。身边是否有美丽的颜色？当时是否存在制作出漂亮颜色的技术？在什么情况、什么环境下看到的这种颜色？……这些都会给色彩意象带来极大的影响。

看了《勇敢的心》这部电影，个人感觉相比英格兰人更能对凯尔特人产生共鸣。褪色的“天蓝色”也不是恐怖的颜色，而是一种高傲的颜色，让人不由得心生喜欢。看吧，看到颜色时的情况会影响个人的喜好，这就是最好的证明。

变成蓝色信号（绿灯）会如何

听某个家庭在介绍小太郎（柴犬）的时候说道：“我家的小太郎真是太机灵了，能准确地分辨出蓝色信号（绿灯）。”但是果真如此吗？姑且不论能否正确分辨，两岁的柴犬真的能“看见颜色”吗？

接下来我就生物进化的历史和“看到颜色的能力”稍作阐释。

看得见颜色，即具备色觉的动物有哺乳类（部分灵长类）、鸟类、爬虫类、两栖类、鱼类，以及部分昆虫。到这里小太郎就掉队了吗？

但是，要说看不见颜色，也并非如此。直到不久前，人们对动物的色觉还存在普遍的误解。

柴犬

例如，斗牛场的牛看到红色就会兴奋，然后猛冲向斗牛士。其实这是假的，因为牛并不像人那样能看到颜色。真实情况是让斗牛处于空腹状态，并且在出场前不断地戳它、刺激它，所以出场时斗牛已经处于非常兴奋的状态。此时的斗牛，看到挥动着布块的斗牛士，就在人们的欢呼声中更加兴奋地冲上去，因而并不是颜色所致。

另外，认为动物完全看不见色彩，只懂得分辨黑白的说法，也是错误的。简单来说，哺乳类动物具有对明暗产生反应和对颜色产生反应的两种视细胞。一部分灵长类动物，像人和黑猩猩等对颜色产生反应的视细胞有三种。以柴犬小太郎为代表，猫、牛、马等哺乳类动物有两种视细胞。由于这种差异，小太郎生存的世界和我们感受到的充满色彩的世界是不同的。那么，小太郎的世界是什么样的呢？

小太郎能看见蓝色和黄色，这和我们人类大致相同，不过难以辨别红色、粉色、橘色、绿色等，只能用对于我们人类而言的“茶色系的浓淡”来感受。

也就是说，小太郎虽然不能和我们生活在同样的色彩世界中，但是它之所以会在绿灯时行进，或许是依据茶色系的浓淡来辨别、理解红灯和绿灯的。如果像字面意思所示是绿色信号，或许正如那个家庭所说的那样，小太郎很机灵，能够“理解红色和绿色的不同”。

关于感受颜色的视细胞，和人一样属于脊椎动物的鸟类和爬虫类，它们拥有四种视细胞。一直到进化中途还和它们具有相同祖先的哺乳类，大多数只有两种视细胞。之所以会出现这种差异，据说是在进化的过程中，哺乳类受到夜行性的影响，失去了四种视细胞中的两种。的确，在黑暗中即便能识别出多种颜色，好像也没有提高生存率的作用。

即便如此，这种变化还是蔓延到整个哺乳类，自然的力量真是有些可怕。如果是这样，哺乳类中的人等部分灵长类动物，在进化后本应有两种视细胞，但现在为什么是三种呢？通过对这个问题的考察，可以窥探出一些人类繁荣的原因。

在恐龙全盛期，哺乳类动物的眼睛位于脸部两侧。大约在 5000 万年前，树上生活的一部分原始猿类的眼睛位置开始往正面进化。眼睛如果在正面，就会产生立体视觉，猿类在树枝间移动时就更容易获得距离感，这样就出现了更有利于生存的种类。

又过了几千万年，由于环境的变化，地球温度越来越低，大约在 3300 万年前，哺乳类动物出现了眼球稳固、视力增强的种类。由于严寒导致果实等减少，在这种严峻的环境中，固定的眼球可以清楚地看到世界，所以即便食物减少也能很快找到。后来竟然又创造出一种新的视细胞，弥补了在夜行时代丧失的对颜色反应的视细胞，于是具有三种视细胞的灵长类诞生了，这就是我们人类的祖先。

由于再度获得一种视细胞，产生了现在我们所感受到的颜色的变化，看到的世界完全改变了。原本由蓝色、黄色和茶色构成的单调世界，变得五彩斑斓，而且可以看出各种事物的细微差异。

与其他竞争种类相比，哪怕只有一点点优势，都会出现这种必然和偶然的进化。因此，灵长类中也只有“一部分”得到了进化。

前面提到的复活的一种视细胞可以对红色产生反应。对此有各种各样的说法，其中最有名的说法是为了尽快找到日益变少的果实，但问题是能吃的果实并非全都是红色的；还有一种说法是，为了从浓绿的树叶中找到可食用的黄绿色嫩叶以代替果实；或者认为当时的嫩叶并不是黄绿色而是红色的“嫩叶说”。另外还有人认为，这不是为了获取食物，而是为了在集团内看到与生育相关的对方的肌肤（生殖器等）颜色的变化。不管是哪种说法，能够看到多种颜色的能力是非常重要的，这一点毋庸置疑。

从生物的进化角度来看，寒武纪时期的软体动物中突然出现带“眼”的生物，从此以后，带有眼睛的生物凭借其优势获得了多样化的发展。哺乳类也是其中一种，但是到进化成人类，除了用精准的视觉获得食物以外，还有集团的交流引起的变化。

因为如果视力良好，就能读懂对方的表情，识别不同的个体，由此构成相互熟识的牢固关系，进而进行复杂的集体行为。这种复杂性促进了大脑的进化，对于物种的繁荣起到了很重要的作用。

如此想来，对于人类来说，眼睛识别颜色的能力，是人类能够发展至今的重要条件。正因如此，充分利用“看得见”的能力从颜色获取的信息，给人类的命运带来了极大的影响。

虽说人类对颜色反应的视细胞有三种，但实际上已经发现个别女性具有四种视细胞。她们能看见一般人看不见的紫外线领域，她们眼中的世界应该更丰富多彩吧！具体是什么样的呢？真是让人心生羡慕。

生物具备应对环境变化的能力，在维持多样性的同时，也不断地发展变化。可以说，我们的“个体差异”既是个性，也是对未来的投资吧！

日本真的是“蓝之国”

如果用颜色来表示日本印象，会是什么呢？

许多日本人回答是红色。在亚洲其他国家提出同样的问题，得到的答案是红色和白色。在奥运会等世界性的运动比赛中，飘扬的国旗，以及参照国旗颜色制作的制服等，大概都会强化人们对于红色的印象吧！最近，越来越多的日本人从足球队队服联想到蓝色，自从 2006 年日本足球代表队的名字被足球协会确定为“蓝武士”以来，这种趋势更加明显。

小泉八云曾说：“日本はあいの国だ（日本是蓝之国）。”他因《怪谈》而成为知名作家，这里面的“あい”指的不是“爱”，而是“蓝”。

江户时代棉布普及到庶民，于是容易染棉布的蓝也迅速得到普

《神奈川冲浪里》 葛饰北斋

及，从和服到围裙、门帘，都成了蓝色的世界。到了明治时代，这些习惯还被保留着，小泉八云等当时来日的外国人，对于这般风景印象非常深刻，将蓝色称作“日本蓝”。这样的历史背景，也是我们对蓝色感到亲切的原因之一吧！蓝不仅在日本受欢迎，还是世界最古老的染料之一，想要染成蓝色就需要这种色素。

关于蓝的痕迹数不胜数，有公元前2000年左右用来缠绕古埃及木乃伊的蓝染布条；公元前3~前2世纪在南美安第斯制作的蓝染棉布；同一时期的中国还出现了“青出于蓝而胜于蓝”的名句；与埃及同一时代出现的印度蓝在公元1世纪是出口欧洲的重要商品。此外，“蓝”这个汉字，是草字头下面加“监视”的“监”，据说意思是指“重要到需要监视的植物”。

蓝色是用植物中含有的色素印染出来的植物染，牛仔布等的靛蓝色也是一样。现在都是人工染料着色，所以纯天然的蓝染就变得非常珍贵。

蓝染从古代开始就普及到世界各地，其原因是美丽的色泽可以长久保持，而且不挑材质，不管是棉布等植物性纤维，还是绢、羊毛等动物性纤维，甚至毛皮都没有问题。这些是其他染料不具备的优势。

另外，蓝染还用于驱蛇防虫的田间工作服。李维·斯特劳斯在得知美国土著不容易被蚊虫叮咬是染料的原因后，就使用蓝染制造出了牛仔裤。

蓝的药效也颇高，中国最早的药书记载蓝是“治疗恶寒、发热、疫病的药”。不管作为染料还是药材，蓝都实力超群，这也是人们喜爱蓝的原因。

根据地域的不同，含有蓝这种色素的植物也不同。日本有一年生植物蓼蓝，印度有豆科植物木蓝，北海道还有十字花科的虾夷大蓝等。

虾夷大蓝是阿伊努族使用的，他们的民族服饰中大多使用蓝染。对于阿伊努人来说，黑色和蓝色是非常重要的颜色，他们相信其中蕴含着避邪的灵力。恶魔进入的途径通常是袖口、领口、下摆和后颈部，所以在服饰的相应处都使用蓝色。对于他们来说，蓝色是黑色的变异。在阿伊努语中，表示颜色的词只有红、白、黑、黄四个，黄还可以表示绿和青，蓝色和黑色则无区别。和古代许多民族的想法一样，阿伊努族也认为，“只有浓烈的颜色才具有强大的法力”。

一般对于蓝染的印象是用于染布，不过在正仓院除了蓝染的布之外，还保留着许多蓝染的纸。在平安时代，以恋爱为代表，在各种场合都流行用诗歌交流，书写和歌的纸张是品位的重要体现。

当时的纸不仅有被称为“料纸”的优质白纸，还有加入了多种技法的纸，比如用蓝印染的，将染过一次的纸放入白纸的原料中进行抄纸的，用金箔银箔进行加工的，还有作为工艺品发展起来的。当然，这些是上流阶级才有的奢侈。白纸本身就是非常贵重的东西，因此在搬完家向邻居问候时送半纸的习俗一直沿袭到昭和时代。

清少纳言在《枕草子》中写道：“对世间之事感到无比愤怒、烦心，感觉已经无法活下去了，真想去别的地方。即便我在这样想的时候，一拿到优质的白纸，心情也会豁然开朗，感觉还能暂时活下去。”这被她侍奉的中宫和其他女官戏称为“简单轻松的解压法”。可以推测出清少纳言作为一名平安时代的女性非常感性，有许多不易之处，或许对于她来说，活着就是为了写作。这是从“纸”这一话题流传下来的逸事，不由得让人心生怜惜！

由“抑制食欲的颜色”想到的

说到色彩的心理效果，我经常被问到有关“抑制食欲的颜色”的问题。如果在网上检索，会出现“蓝色、紫色可抑制食欲，因此把餐具和桌布换成蓝色有减肥功效”等醒目的内容。但事实上，可以说“没有对减肥有效的颜色”。

如果蓝色和紫色单纯地对减肥有效，那谁也不会去吃特拉华葡萄和巨峰葡萄了。蓝染的桌布和餐具恐怕也不行吧！但是，为什么大家都说“蓝色和紫色有减肥效果”呢？

一般来说，食物的颜色为红、橙、黄、绿等，多见于水果、蔬菜和肉。这些绚丽多彩的食物摆放在一起，看上去就很美味。汉堡中经常添加圣女果和生菜，也是利用了颜色搭配的效果，让其看上去更好吃。因此，如果从相反的角度去考虑，是不是采用与食物关系较少的蓝色和紫色就能抑制食欲、达到减肥的效果呢？或许就是这么单纯的想法。

但是，即使是没有让人在视觉上看起来很美味的颜色，也能增强人的食欲。例如，烤肉的桌子，尽管由于长期烤肉变成了茶色，但其气味和声音等可以刺激其他感官，不断提高人的食欲。咖喱也是如此，仅从颜色和形态来看，会让人觉得不能再往深处想。也就是说，仅仅依靠颜色是不能控制食欲的。

另外，想吃的心情在很大程度上受到压力等精神问题的影响，所以并没有所谓的对减肥有效的颜色，这才是正确答案。

但是，如果“非常熟悉的食品的颜色”变成了“出乎意料的颜色”呢？不妨想象一下，你在寿司店点了金枪鱼寿司，结果端上来的却是紫色的；眼巴巴地等着松软金黄的煎蛋卷，上来的却是蓝色的。的确，这样会使你食欲全无。对于动物来说，摄取食物是性命攸关的大事，如果食物有毒，别说补充营养，恐怕连性命都会丢了。为此，人类对于食物的色、香、味、口感等天生就很敏感。正因如此，如果“非常熟悉的食物”变成了“看不惯的颜色”，就会产生反应，这是事实。

如果在做蛋包饭时使用紫色的食用色素，这完全是白费力气。但是，用色彩绚丽的餐桌可以达到更好的效果，在分量上吃八分饱，把注意力从吃转移到其他地方，这些才是最有效的减肥方法。

不过，和日本不同，美国好像并不在意食品的颜色。在美国有用蓝色、黄绿色、紫色、艳粉色的冰激凌装饰的杯形蛋糕，以及用星条旗装饰的面包圈，真是非同一般啊！

2000 年，食品生产商亨氏开始出售宝宝食用的蓝色和紫色的番茄酱，受到人们的欢迎。番茄酱竟然是蓝色的，真是令人无法接受，会本能地敬而远之。但现代的孩子们却能欣然接受。

孩子们对于普通的刺激感到麻痹，已置身于更加强烈的刺激中，他们的感觉正凌驾于提高人类生存率的本能之上。日本也出现了蓝色的咖喱和糕点，成为人们热议的话题，但是在现代，当远离了狩猎、农耕和自给自足，食物成了工厂制品，人类所具有的能力的变化意味着什么呢？或许未来会给出答案。

另外，还出现了令人担心的报告。美国和英国的研究指出，合成食用色素“有可能”给孩子的大脑带来影响。人们担心这可能和注意缺陷多动障碍（ADHD）的病症相关。欧盟规定，使用指定食用色素的制品，其包装要像烟草的包装一样，标明“可能会给孩子的行为带来不好的影响”之类的警告。亨氏的彩色番茄酱也于2010年停止生产，这刚好是美国推进禁止使用食用色素的时期。

许多有识之士指出，对于大脑等正处于成长过程的孩子，大人对其摄入体内的一切食物都要特别留意。但是，我们尚未深刻意识到一些关于颜色的问题，比如在经常制作五彩斑斓的点心和饮料的

食用色素

美国，已经有一部分食用色素被禁止使用，而这些在日本却没有被禁止。

科学正在以惊人的速度发展，但是人体从几十万年前开始就没有多大的变化，这也是事实。在探究是否存在抑制食欲的颜色的过程中，我们看到了从未思考过的问题。

西洋蓝、日本蓝

或许是因为蓝色能打动很多人的心，所以巧妙地使用了蓝色的绘画，撼动人心的力量尤为强烈。

提起蓝色的绘画，最先想到的还是毕加索的“蓝色时期”吧！《人生》《年老的吉他演奏者》《自画像》等，都是他这一时期的代表作。但是比起这些，我在这里特别推荐的是《熨烫衣服的女人》。

毕加索和蓝色的故事非常有名，我想稍微提一下曾和毕加索一起从巴塞罗那到巴黎的挚友在 19 岁时开枪自杀之事。在挚友自杀前待过的房间里，毕加索画了三幅脸部留有弹痕的尸体的画（这些在毕加索生前未公开，在其死后发现于画室）。红色的背景中浮现出蓝色的脸，这被认为是第一幅画，用了非常强烈的表现手法。在第二幅画中，暖色系的颜色消失了。到了第三幅，只用沉郁的蓝色描绘了挚友的脸。

毕加索曾说：“想着他的死，我成了蓝色画家。”自此以后，毕加索进入了作品以蓝色为基调的“蓝色时期”。他恋爱后，又进入了用玫瑰色创作的“玫瑰红时期”。这些作品将画家的内心直截了当地反映到色彩中，用颜色和绘画形象地诉说着一个个故事。

《熨烫衣服的女人》是毕加索在 1904 年“蓝色时期”接近尾声时所绘作品。该作品以蓝灰色为基调，用单调沉重的颜色描绘了一个并不美丽但充满感情的女人，让人觉得画中的色彩和构造淋漓尽致地表现了无法用语言描述的悲伤。为什么会有这样的感觉呢？因为画中体现着贫穷、悲伤却又充满魅力的她，正是促使毕加索进入“玫瑰红时期”的恋人奥利维耶。她一直支持和引导着贫穷的毕加索。恋爱经历丰富的毕加索是一位天才，同时也是风流多情的画家。我想正是由于这些女性的存在，毕加索的才能有了进一步的飞跃。

在古代欧洲，蓝色作为异民族的颜色并不受欢迎。12 世纪以后，在绘画方面蓝色逐渐承担重任，成为圣母玛利亚的衣服颜色，变成人们喜欢的颜色。

画家们也都想使用蓝色作画，但是蓝色颜料是高级品，其中最有名的是“群青”。这种贵重的蓝色颜料，是将半宝石青金石（日本名为琉璃）弄碎后制作而成的，名字也含有“渡海而来的蓝”的意思。一种说法是，青金石中含有很多不纯物质，在 12~13 世纪前后，不纯物质的提取技术日益发达，能够获得美丽的蓝色，所以受到人们的追捧。

以我们现在的眼光来看，群青色也是富有魅力的颜色，拉斐尔笔下美丽的玛利亚也是用这种蓝色描绘的。另外，“维米尔蓝”实际上也是群青色。

自古以来，人们认为色彩中蕴含着灵力，所以青金石自然也是带有灵力的宝石。即便是现在，青金石也被当作能量石，但是竟然出现了颜色相似的塑料制品，真是现代社会的悲哀。深蓝色的青金石和蓝色的塑料制品摆放在一起，很难分辨。

此外，如果说起日本画中的蓝色画，首先想到的大概是东山魁夷的《森林·白马》吧！这是他在63岁时创作的一幅作品，在蓝色的森林深处忽然出现了一匹白马。如果其他人也这样画，可能会描绘成一幅浪漫甜蜜的作品。正因为这是他摸索了大半辈子、在后半生才达到的境界，所以他的这幅作品更能触动人们的内心。

东山魁夷曾说：“白马是我内心的祈祷。”为了重新审视自己，他踏上了北欧之旅，回到日本后蓝色作品急剧增加。他说：“蓝色一直隐藏在我的内心深处，是无法抵达的愿望之色。”但是当我们站在那幅画前，却能感觉蓝色进入我们的内心世界，让我们产生共鸣。

蓝色之所以让人感觉是精神领域的颜色，并不是像血液、火焰等红色体验那样具体的存在，是因为我们身边的蓝色大都给人暧昧、不确定的体验，比如看着是蓝色但掬起一捧又不是蓝色的水，以及大海的颜色、看得见却极其遥远的天空的颜色，等等。从某种程度来说，如果不是人类具有不同于动物的知性，我们大概也无法捕捉到蓝色的内涵吧！

事实上，蓝色确立一个具体的颜色世界经历了很长时间，就像在其他章节中提到的一些颜色，在古希腊和古代日本，“蓝”这种颜色一直是含混不清的，通常是指黯淡的颜色、绿色的混合，以及包含在黑色范畴中的颜色。染料、颜料的技术革新之后，美丽的蓝色才来到我们身边。

日本画的蓝色颜料、矿物颜料所呈现的美丽色泽都是群青色，其原石不是青金石，而是蓝铜矿。被称作岩群青的蓝色有很多种，主要根据颜料粒子的大小差异来区分，有时可以用烧制的方法来调整颜色。

青金石

如果你喜欢蓝色，一定要去画材店的矿物颜料柜台看看。在日本画中，基本上不会把颜料混合在一起，所以需要很多有微妙差异的蓝色。把这些蓝色颜料装进玻璃瓶，然后摆放在一起，特别漂亮，简直是蓝色天堂、治愈之地。还有人看到这些后，开始进入日本画的领域。

第六章 紫色

“purple”是何色

听到紫色，脑海里浮现的大多是葡萄、茄子等具体的东西，而紫色的高贵、神秘、古风、奇异、毒物、疾病等印象，好像和我们身边的生活是“不同的世界”。这些印象是从何而来的呢？

我们来看西方对“purple”的印象，这影响着染料的历史。

最有名的是在公元前1500年前后，用地中海腓尼基出产的海螺的分泌液染的推罗紫，又名“purpura（purple）”。从一只海螺中提取的分泌液微乎其微，想要获得1克推罗紫染料需要2000只以上（有各种各样的说法）的海螺。也就是说，推罗紫是一种十分珍贵的颜色，需要进行费心费力的劳作，从数以万计的海螺中提取分泌物才能获得。

在与收集的分泌液的恶臭气味对抗的同时，还要熬煮数日，经过几道复杂的工序才能变成染料。然后人们用染完的线手工编织，才能最终完成色泽华丽的布。真是异常贵重之物啊！在穷人们身裹粗布衣服的时代，费时费力做成的美丽织物只有一部分神职人员和王公贵族才能享用。正因如此，推罗紫是人们渴求的颜色，这也是它成为高贵颜色的起源。

自从人类开始“穿着打扮”之后，在很长一段时间里，推罗紫都是优越性的象征。根据古巴比伦的贸易记录可知，除了药物以外，化妆品、染料、蜂蜜（蜂蜜是最古老的甜味料，同时也可用作药、化妆品和芳香剂）、宝石、象牙、布匹等物品也被大量买卖。另外，生药也可用作香辛料和染料，所以其需求量之大就不言而喻了。或许贸易也是靠“想要美丽的外表”这种欲求来支撑的吧！

制作推罗紫造成了滥捕海螺的现象，9 世纪前后推罗紫消失在历史的舞台，其制作方法未得到传承，所以在后来虽然也出现了用其他染料制作的相似颜色，但并不像推罗紫那样在当时的年代是高贵的存在。只是在语言上作为表达贵族、帝王等的词语被保留下来，“be born in the purple”意为“高贵的出身”，其中“purple”就是“高贵”的意思。

这种记忆在之后被长期继承，到了 15 世纪，紫色成了枢机主教的着用之色。但实际上枢机主教身穿的衣服颜色并不是梦幻的紫色，而是用其他染料印染的颜色。西洋画中的枢机主教看上去都是身穿红色衣服，据说也是这个原因。

也就是说，紫色具有稀有性，该颜色中还带有独特的华丽和高贵，这些是历经时代的变迁依旧保留下来的紫色的语源，也是它给人带来的意象。

查阅英语词典会发现，purple 词条中除了有“紫色”“深红色”的意思，还会罗列一些词语，如“枢机主教”“帝王的”“高贵的”“(音乐等方面)华美的”“夸张的”“伤感的”“紧急关头”“激烈的”等，可见其用法之广。另外，在德语中“purple”意为“深红色”，在法语中是“绯红色”，没有“紫色”的意思，在欧洲大多数国家“purple”都是用来表示深红色。而在日本，“purple”虽然代表紫色，但日本人所说的略带蓝色的紫色用“violet(紫罗兰)”这个色名表达更为恰当。

这也是天然染料制造出的“某色系的颜色”，具有不稳定性是理所当然的。因此，深红色、紫红色、紫色，这个“色系”是“purple”，其中最容易显色的是红色系。需要注意的是，即使颜色的名称一样，不同的国家实际所指的颜色也是有差异的。欧洲称为“赤”的颜色，在日本人看来范围很广，日语中的紫红和深粉也是“赤”。

说起热爱如梦如幻的紫色的历史人物，首先想到的是恺撒。或许印象中的恺撒是有点秃头的大叔，但是他从年轻时开始就打扮得很时髦，据说他最爱的颜色就是紫色。不过，这是因为当时紫色是凯旋将军的专用之色，还是他真的喜爱这种颜色本身，其中原因不得而知。

既然说到了恺撒，就不得不说另一个特别喜欢紫色的人物，那就是克娄巴特拉(埃及艳后)。他们可谓郎才女貌的情侣，相遇的时候恺撒52岁，克娄巴特拉21岁。

克娄巴特拉是一位在任何场合都要思索如何表演才能艳压群芳的女性。她从感觉上理解颜色带来的影响。据说在和恺撒举行的宴会中，会场的基本色调是紫色。另外，她使用的全长约 90 米的帆船，船体镀金，船桨为银制，所有的船帆都染成昂贵的紫色。这些在当时一定会达到让人震撼的效果吧！恺撒死后，她被安东尼召回时，率领着乐团，焚烧着大量的香料，扬起巨大的紫色船帆，华丽地出现在安东尼面前。

后来的紫色总是沾染着死亡的气息。古罗马的疯狂皇帝卡利古拉一旦看到有人身穿比自己还漂亮的紫色衣服，就会派人去暗杀。暴君尼禄规定，只要有人穿了紫色衣服就要立刻处死。紫色这种美丽妖艳的颜色，或许更能唤起人们内心的残酷，以及强烈的愤怒和哀伤。

由此看来，“purple”指的还是那种强烈的紫红色吧！因为单纯的红色，大概无法引起潜藏于人们内心深处的不安。而如果是蓝紫色，应该也不会蕴含如此大的能量。所以，在紫色系中，正是这种高贵妖艳的紫红色具有的强大力量，才是“purpura（purple）”的魅力所在。

用贝类的分泌液染的古代“purpura”，并不是仅用腓尼基的海螺染成的推罗紫。事实上，在以墨西哥和日本为代表的许多国家，能够提取这种紫色染料的贝类大约有 300 种。

据说在墨西哥至今还保留着这样的习俗：作为神圣的宗教的（给女性的）礼物，住在山区的男性会奔赴大海寻找贝类，把用推罗紫染的线交给女性。只是，他们会把贴附在岩石上的贝类剥下来、提取其分泌液之后，再将其复归原位，所以这些贝类不会灭绝。和地中海的海螺不同，印度洋和太平洋海域的贝类种类繁多，有的贝类仅一个就可以提取出 1 克分泌液。

在日本，从吉野里遗址发现了用推罗紫染的纤维。这不是从中国传入的布，由此证明在古代日本就存在这种染色法。在三重县志摩地区，直到昭和中期都有这样的风俗：当地的渔女为了不被卷入龙宫，也就是为了不遭遇海难，就用推罗紫在内裙和手帕上染上“星印和格子印”，带在身上，然后才潜入海中。

推罗紫的显色有点像淡黄色，在紫外线的作用下会慢慢发生变化，变成蓝紫色、紫色、紫红色以及红色系的颜色，无论哪种颜色都是既魅惑又美丽。颜色的变化真是太不可思议了！正因为紫色的界限模糊不清，是难以准确表述的复杂颜色，所以才能把其他颜色无法带来的刺激感投射到人们的内心深处吧！

不管是墨西哥还是日本，推罗紫在之后的时代也保持着巫术的神圣感。许多国家对推罗紫的感受都大致相同，这一点也让人颇感兴趣。

蕴含高贵意象的日本紫

在古代日本，紫色是高贵和典雅的象征，其中“高贵”意象的确立是在推古天皇时代。当时制定了“冠位十二阶”，根据侍奉朝廷的家臣的不同地位规定其冠帽颜色，其中代表地位最高的颜色就是紫色。

根据官位的高低排列依次为：紫、青、赤、黄、白、黑，每种颜色又有浓淡之分，共 12 色。由于是古代之事，说法不一，不过这个顺序是最有名的。

“冠位”的“冠”指的是帽子，身穿的衣服也和帽子的颜色一致，所以一看外表就能知道家臣的地位。这样看起来让人颇有一种上下关系的紧张感。不过，这是男性社会的事情。

规定身份和颜色的关系的位阶色是从中国学来的。除了紫色以外，其他五色是阴阳五行说中规定的颜色。在中国，虽然代表皇帝的颜色是黄色，但也有喜欢紫色的皇帝。后来阴阳五行学说和高贵的紫色意象一同传到了日本。

据《魏志·倭人传》记载，在卑弥呼时代，魏明帝赐予卑弥呼“金印紫绶（金印章和附带的紫色流苏）”，而紫色象征着最高地位，或许“紫 = 最高位”这种观念从卑弥呼时代就传到了日本并被继承下来。即便是现在，这个传统还保留着，如僧人穿的衣服颜色中，代表最高位的基本上还是紫色。

在古代日本，紫色是用“紫草”这种植物的根即紫根染制而成的。紫草会开出白色的小花，关于其说法有很多。有的观点认为紫草是成簇开花，所以叫作“丛咲（むらさき）”草，还有的说法认为紫草是分散着开花，所以是“开在村里（むらにさく）”的草，紫（むらさき）的色名好像也由此而来。据说紫草是小野妹子从古代中国带回日本的，栽培起来相当困难，而且根部要长得像红薯那么大才能使用。这需要 2~3 年的时间，染色的过程也很费功夫，所以紫色的布是非常昂贵的。还有说法认为，这和紫色给人的高贵意象相关。

平安时代的王朝贵族们很喜欢紫色，认为紫色代表着庄重和优雅，这在《古今和歌集》和《万叶集》的和歌中就有体现。“紫のにほへる妹を憎くあらば人妻ゆゑに我れ恋ひめやも（嫣红紫草散天香，彻骨相思尚未忘。嫁作人妇何怨恨，深情似海我心藏）。”大海人皇子的这首和歌，里面的紫色用作美丽的象征。

另外，清少纳言在《枕草子》中写道：“一切的一切，无论什么东西只要是紫色的就是极好的。花、线、纸都是如此。”紫式部的《源氏物语》还被称作“紫物语”，因为光源氏的初恋、最优秀的女性藤壶的“藤”意为紫，藤壶的侄女若紫，也就是光源氏后来的妻子紫姬，这两位美丽理想的女性的名字都来源于紫。

有时紫还可以读作“缘（ゆかり）”，这来源于《古今和歌集》的一首和歌：“紫の一本ゆえに武蔵野の草はみながらあはれとぞ見る（只因一株紫草，就深怜武藏野所有的草）。”就像是爱一个人而连带关心与他有缘的人，自此以后紫色被认为是缘分之色，意思是对心爱之人的有缘人也带有感情。

由于紫根草的挥发性较强，若用纸来包，没有直接接触到紫根草部分的纸也会被晕染上淡淡的紫色，这好像也和缘分相关。所以《源氏物语》中若紫是藤壶的侄女，也是“有缘之人”。“紫”作为关键词将这些人物串联到一起，多么巧妙的设定啊！

提到《源氏物语》，里面还出现了名为“葡萄色”的紫色。这个词应该怎么读呢？“ぶどういろ”？不，应该读作“えびいろ”。从前野生的山葡萄叫作“えびかずら”，指的好像就是这种果实的颜色。日本平安时代的法典《延喜式》中出现的“葡萄（えびぞめ）”就用作高贵之色，指的是深红紫系的颜色。

后来，比起果实葡萄（えび），海里的虾（海老，えび）变得更有名，于是葡萄色就和“えびいろ（海老色）”混淆在一起，再加上西洋品种的葡萄传入日本，于是慢慢演变成同字不同音，用“葡萄色（ぶどういろ）”来指蓝紫色。由此可见，色名也受到时代发展的影响。

到了江户时代，紫色和红紫色都被称为“京紫”，蓝紫色则被称为“江户紫”。二者都是染料，但工序的差异体现了继承传统古典文化的京都和新兴都市江户之间的竞争，而在诸多竞争中，最高贵的颜色紫色更能成为京都和江户各持己见的证据吧！

在诞生于江户时代的俗曲《都都逸》中，有这样一首歌曲：“不要为鸭川水的清澈而骄傲，如果不服气，可以去看看紫染！”虽然有点可笑，不过染色过程中使用的是鸭川的水，所以京都鸭川的友禅染和服在江户也备受欢迎。一直对京都文化高人一等的风潮抱有不满的江户，在懊恼之余，好像还作出了一首与之相对的《都都逸》，即江户的骄傲是用玉川上水制作的紫色。对抗文化用的也是紫色，可见日本人果真热爱紫色。

紫色的高贵姿态还出现在新年的宫中行事“歌会始”仪式中。电视上会实时转播在皇宫正殿“松间”举办的仪式，天皇、皇后两位陛下座位后方的屏风颜色是略深的红紫色，座椅靠背用的是较深的蓝紫色。即红紫色和蓝紫色这两种代表颜色同时出现在画面中，给人的印象是：这才是继承了日本传统的空间。看到这样的紫色，不由得感叹：紫色果真是让人涌起怀古之心的颜色啊！

灵妙的中国紫

要谈中国的颜色就离不开“五行思想”，因为这种中国独创的思想，确立了颜色的立场。五行思想从鲜艳醒目的颜色含有价值的时代开始，谋求颜色的象征和世界的体系化，将其作为社会性符号。

所谓五行思想，指的是世间万物皆由“木、火、土、金、水”五种基本物质构成，所有的事物都可以分成这五种要素来考虑。方位（五方）、季节（五季）、味（五味）、人的精神活动（五神），以及色（五色）等，还有其他很多事物都被分为五种。

五行思想中的“五色”，指的是青、红、黄、白、黑五种颜色，是有价值的正色。紫和绿则是中间色。五行思想又和认为世间万物均由“阴”“阳”关系构成的“阴阳思想”结合在一起，形成著名的“阴阳五行学说”，这种思想在日本也广为人知，并给日本人对色彩的感觉和使用带来了深远的影响。

从阴阳五行学说来看，帝王之色黄色位于中央位置，所以在中国最高贵的颜色是黄色，并和黄金、金钱相通。红色与吉祥、富贵相关，现在也是备受欢迎的颜色。紫色从古代开始也和黄色并列为高贵之色，虽然在五行说中变成了中间色，但是紫色代表高贵的古代记忆依旧被保留了下来。

帝王之色

但另一方面，孔子曾说“恶紫之夺朱也”，意思是“我厌恶用紫色取代红色”。当时出现了一位霸主，喜欢不是正统颜色而是中间色的紫色，受此影响，社会秩序一片混乱，于是孔子发出了这样的悲叹。是啊，胜利者在选择颜色时，通常不会选择自己打败的对手喜欢穿的衣服颜色，而是会另寻他色，这也是向世人昭告统治者更新换代。于是，曾经代表着高贵的紫色，也陷入这种进退两难的境地。

和欧洲一样，在古代中国，紫色指的也是红紫色。还有的说法是，为了让红色更加明显，先用红色的染料进行预染，然后再在上面染一层淡紫色。为了说明中国的紫色到底是一种什么样的颜色，在这里列举一段腌制梅干时用的“シソ（紫苏）”的相关逸闻。

相传紫苏这个名字起源于东汉时代，名医用紫苏叶煎制的“紫色”汤药给因食物中毒奄奄一息的年轻人服下，然后年轻人就慢慢苏醒了，于是“紫色的复苏草”就成了“紫苏”。另外，据语言学方面的研究，“苏”这个字在古代就读作“シソ”，不过由于这样

紫苏

读存在一种不稳定感，所以在历史长河中就逐渐演变成了“紫苏”二字。

总而言之，故事中的紫苏指的不是绿紫苏，而是用来为梅干等食物着色的“红紫苏”。说起红紫苏，在我们的印象中一般是红紫色，而非紫色。此外，日本的“赤饭”，即用赤豆做的米饭颜色和红紫苏的颜色一样，不过在日本，这种颜色被归为含有灵力的“赤”的色系中，因此日本说“赤饭”，而不说“紫饭”。也就是说，中国说的紫色，比日本认为的紫色偏红。由此可见，从人们认识的差异中也可以窥探到颜色的差别。

说起中国最有名的紫色，大家应该会想到“紫禁城”吧！放眼望去，紫禁城无论墙壁、地面还是柱子，都是红色，房顶是黄色，装饰为金色，无论从哪个角度看，在引人注目的地方都看不见紫色的踪影。事实上，所谓“禁城”指的是“皇宫”之意。那么，较多地使用红色和黄色的皇宫为什么不叫“红禁城”或者“黄禁城”，反而叫作“紫禁城”呢？真是太不可思议了！

据说紫禁城这个名字的由来，和天空中闪耀的北极星有关。

古代中国的王朝从公元前2000年左右就开始了，在漫长的历史过程中经历了多次改朝换代，也产生了多种思想，这些思想相互影响、相互交融。因此，高贵的颜色也多种多样。而各种思想具有相通之处，那就是天界的重要性。中国人从古代开始就热衷于研究天文学，其中包含着森罗万象。

中国独特的星座理论也被考虑在内，和紫禁城相关的星座群“紫微垣”诞生于公元前 5~ 前 4 世纪。

人们看到所有的星星都环绕着北极星转动，认为管理宇宙的神仙“天帝”就是北极星，并且称北极星为“天星”。天星存在的区域叫“紫微垣”，相当于皇宫。

帝星周边有皇族、官僚和军队，较远的星星代表着人民，展开了一个个内容丰富生动的故事。天帝是在这样的环境里生活的啊！皇帝为了统治地界，使天帝的生活状态重现，就出现了前面提到的“紫禁城”。因为是模仿天界的紫微垣而建，所以是紫禁城。

到这里依旧是老生常谈，为什么天帝居住的领域要使用“紫”这个字呢？我还是没弄明白。有人说是因为当时的人们看到的北极

紫禁城

星闪耀着紫色的光，但是专家认为这是不可能的。

由于地球的自转，北极星要经过 25800 年运转一个周期，因而古代埃及和古代中国看到的北极星和现代是不同的。当时的北极星是小熊座 β 星，现在的是小熊座 α 星。而且，现在的 β 星看上去发出橙色的光，所以“紫”应该不是指星星的颜色。如果是这样，有一种可能性就是：因为地上的皇帝用的是黄色，所以故意选择其他特别的颜色。

仔细观察中国的文化和颜色，正如前文所述，黄色和紫色经常会变换立场。相对于人们喜爱的代表着“现世的”喜庆之事、富贵之色的红色，紫色则是一种“很灵验的颜色”，比如有德君主的出现往往伴随着紫云缭绕，看到紫色就可能见到圣人和仙人，仙人的

紫云

衣服颜色是紫色，等等。在佛教中也有这样的传说：如果前来迎接的佛祖乘坐的是“紫云”，那就代表着吉兆。

与其说紫色是我们凡人使用的颜色，倒不如说紫色是天界、神仙那样“神圣的象征”，是一种不可思议的颜色。如此一来，天帝之色选用紫色就更能突显天上的感觉。紫色果真还是和神秘更般配。

为何会想到把白发染成紫色

在有关“紫”的都市传说中，有老妇人喜欢把白发染成紫色的传说。在色彩意象的问卷调查中，甚至还有人回答看到紫色就会联想到老妇人，说明紫色的这个印象流传得比较广泛。

关于这个传闻，据美发师说，是黑色素使得许多日本人的白发泛黄，如此下去难以变成美丽的白色，所以想要一头漂亮的白发需要运用一定的技巧，那就是在白发上染上薄薄的一层蓝紫色。

接下来我们来说说都市传说，一般来说是染一层淡淡的蓝紫色，但有时候会遇到突发事故，染的颜色过于浓重，不过有的人喜欢这个颜色就保留了下来，于是渐渐地把白发染成蓝紫色就流行起来。

姑且不论真假，让人感兴趣的是，染发的并不是活力四射的年轻人，而是年纪较大的女性。如果在她们的印象中蓝紫色给人庸俗的感觉，象征着标新立异，是不会流行起来的吧！蓝紫色给人的感觉是高雅、时髦，所以老年人才会使用。

一方面，紫色带有高贵的感觉，仿佛让人置身于《源氏物语》之中，是令人怀古的颜色。老一辈的人之所以有这种感觉，大概是因为当时和服等日本传统文化已经渗透到他们的日常生活中。

另一方面，在年轻一代中紫色不受欢迎的程度要稍高一些。“高贵”这个词本身就很陈旧。虽然也有对保守性的反抗和厌烦方面的因素，不过越来越多的年轻人觉得紫色给人“低级趣味”和“廉价”的感觉。

那么只有日本人才会把白发染成蓝紫色吗？金发和褐发的女性是什么样的情况呢？

这种情况几乎没有吧！我见过美国打扮时髦的老太太，她们大多从整体角度搭配服装和发色。身穿绿色衣服时头发颜色就是绿色，紫色衣服就搭配紫色头发。这也够特别的，因为“染白发”一般不可能用这些颜色。

欧美的女性如果“染白发”，通常会染成自然的金色和褐色，也有很多人不染头发，认为白发也是一种时尚，这一点和日本相同。还有许多女性会把头发染成棕色或黑色吧？一般来说女性不会把白发染成橙色或者绿色。

那么，和橙色、绿色一样，原本也不是头发颜色的紫色，为什么被人们接受了呢？

当然，紫色给人的高贵感觉很重要。除此之外，在古代，紫色曾作为黑色的代用色，我认为这应该也是其中一个原因。

例如，古代日本神话中出现的大国主命，就是在“因幡的白兔”中救助兔子的神仙。大国主命伴随着神乐起舞之际，根据地域不同，服装的颜色有黑色也有紫色，这里所用的黑色和紫色就具有相同的意义。

另外，神道中使用的飘带旗等五色旗，分别是赤、青、黄、白、黑五种颜色，这是受到中国阴阳五行学说的影响。不过在实际应用中，可以用紫色代替黑色。

受到广泛关注的健康食品“黑米”也被叫作“紫黑米”“紫米”。虽然其基本的颜色成分是红和紫，但这种带有花青素的黑色的米，做熟之后就变成了暗紫色。或许是因为人们在实际生活中有过这种色素的体验，所以不管是从前还是现在都很容易接受。

也就是说，日本自古以来“紫 = 高贵”的印象，以及原本是黑发的日本人没有抵触蓝紫色头发，这两种因素共同引发了上述现象。

顺便提一下，在欧美女性的金发中，有一种叫作草莓金的接近红色的金发。据说那里的时髦女性有时会把白发染成草莓金。仔细想来，头发颜色的时尚流行也有各种各样的喜好啊！

暗中活跃于娱乐世界的紫色约定

色彩带有积极和消极两种相反的感觉。红色代表“热情”和“愤怒”，黑色代表“高级感”和“死亡”。紫色除了“高贵”等感觉外，与之相对的还有“不吉”的消极印象。我们对于色彩两面性的印象，会根据当时的情况感知理解是哪一方面。

欧洲在中世纪以后，绿色和紫色被规定为“怪异的配色”，不知道你是否有所耳闻。如前所述，绿色展现了多神教的力量，再加上对有蛊惑人心之嫌的紫色的不安，或许这两种颜色的组合就是在这样的历史背景下产生的。不过，你大概会想这样的组合到底在什么场合才会出现呢？

如果你想看代表性的装扮，可以看看美国漫画《蝙蝠侠》里出现的反派角色——小丑。这部漫画被翻拍成电影，饰演小丑的两位演员杰克·尼克尔森和希斯·莱杰的装扮，完全还原了漫画中的形象，使用了紫色和绿色。

特别是《黑暗骑士》中希斯·莱杰饰演的小丑，身穿紫色的晚礼服，再加上一头绿色的头发和一件绿色的马甲，强烈的面部妆容和阴气逼人的精湛演技相得益彰，给人最大限度的冲击感。另外，电影《自杀小队》中登场的小丑也延续了之前的角色形象，绿色的头发加上紫色的手套和风衣。这些演出并不是一时或偶然间浮现的

小丑

想法，而是因为绿色和紫色代表着“怪异”的配色。可以说正是三个小丑身上的紫色，象征性地表现了紫色包含的不吉利的一面。

为了使人们看电影时能立刻理解角色的作用，需要将其简单化，所以为了使小丑的配色成立，前提是使用全社会共有的色彩意象。也就是说，在美国紫色的不吉利印象也已经渗透到人们的日常生活中。但令人不可思议的是，紫色是代表高贵的颜色这种印象也渗透到美国社会。

例如，在时尚品牌“拉夫劳伦”的高端系列“紫标”中，品牌标签的背景颜色不是红紫色，而是蓝紫色，这种偏蓝的紫色和日本神道的一些场合使用的颜色一样。紫色给人“高贵的感觉”在美国社会中也是大家的共识。真是纷繁复杂啊！

说起日本娱乐中的紫色，在歌舞伎和时代剧中，经常会出现生病的主君和花魁头戴紫色钵卷（缠头巾）的场景。这个你知道吗？

偏蓝的紫色是江户紫，其中紫根染是必不可少的。紫根草除了能当染料之外，还可以用作中药，有清热解毒、治疗皮肤病等疗效。因此，紫根草染的缠头巾也被叫作“病钵卷”，人们希望戴上之后可以缓解病情。

舞台上身份地位高的人和美丽的女性，如果出场时头上戴的钵卷在左边打结，就代表在演出中其饰演的角色身患疾病或者有什么心病。

例如，在《廓文章》这个剧目中，因见不到自己心爱的男子而病倒的美丽花魁夕雾，身穿华美的衣服，盘着花魁特有的发髻，在发饰中就戴着紫色的病钵卷。

在《摄州合邦十（摂州合邦辻）》中，原本备受女性青睐的英俊男子俊德丸，继母对其抱有邪念并下毒，导致他容貌尽毁，剧中的他也是头戴病钵卷，身上还穿着淡紫色的衣服。

另外，日本舞蹈中有一种被叫作“狂乱剧”的“疯癫”舞蹈，表现因嫉妒和离别导致精神不正常的状态，在这里面也出现了病钵卷。其中有一个叫《保名》的剧目，舞蹈讲述了失去爱人的美男子安倍保名过于悲伤而导致精神失常，他拿着爱人的便服，凌乱的头发上戴着病钵卷，身穿紫色的长裤裙彷徨游荡。也就是说，紫色是象征着疾病和癫狂的颜色，可见日本也有怪异的紫色。

同样，在歌舞伎中也经常出现病钵卷。“歌舞伎十八番”之一的《助六由缘江户樱》，登场的主人公助六头上戴的紫色钵卷不是在左边而是在右边打结。助六是典型的江户男子，平日里喜欢挑衅滋事，虽然没什么钱，但年轻力壮、充满活力，备受女性的青睐。他身穿黑色和服外褂，白色衬里，虽然是男性但穿着女性穿的红衬衫，双脚还有黄色短袜，一副放荡公子的形象。从头到脚衣着华丽的主人公，头上戴的紫色病钵卷故意在右边打结。

《花川户助六》 歌川豊国

把左结改成右结，也是“和疾病正相反”的证明。这种充满力量的被称作“力量结”的诙谐演出，如果没有紫色与疾病相连的关系，就不能称之为演出了。这出戏演绎出江户男子特有的风流倜傥的感觉。

从病钵卷看到的日本紫色和西方紫色略有不同，那就是日本的紫色并非完全代表不吉和恐怖，即便是在疾病和疯癫中也必定伴随着“美”。我觉得这才是日本人对紫色的审美意识。大家是怎么认为的呢？

孩子的画中隐藏着紫色的秘密

色彩心理学极力主张紫色有治愈效果、诱发能力的功效、催眠效果、使人心情平静的效果等，但这些并不是心理学的研究，恐怕是文章作者根据紫色的“意象”，主观上想要写成这样吧！而且现实的社会氛围是，人们想要接受这些观点，虽然是占卜性质的内容，但使用“心理学”这个词，也有欺瞒糊弄之嫌。

那么，如果从色彩和心理的视角来看，孩子的画和紫色是一种什么样的关系呢？这里也有一种毫无依据的说法，即认为想要治愈带有不安情绪的孩子或生病的孩子，可以在绘画中使用治愈的颜色——紫色。但是，在学术研究和报告中都找不到紫色可以用于治愈疾病这一观点。遗憾的是，社会上仍有人断言“紫色就是这样的”，我认为还是不要相信为好。

退一步讲，即便存在“这种情况的孩子”把紫色当作治愈的颜色来使用，但是相同情况的其他孩子不一定也使用紫色。因为，每一个个体都不同，内心和行为都是复杂而细腻的，很难像手册指南那样简单地认为 A=B。

但是，根据荣格派精神分析学家苏珊·巴赫关于面临重病和死亡的孩子的绘画研究可知，突然遭受癫痫、癌症等意料之外的严重疾病侵袭的孩子，在他们的画中出现了象征“被抓住”的紫色系颜色（可以看作淡紫色）。另外，据说在心理上寻求守护，或者在痛苦的情况下，也就是感觉特别不自由时，有时也会用这种颜色来表现。

细细想来，无论哪种情况都是"被什么抓住"的感觉，是不是意味着不管是消极的还是积极的都可以用紫色系来表达？但是，我不明白为什么是紫色系呢？虽然在相关研究中指出，紫色被用于这样的象征意义，但事实上紫色是代表治愈还是代表放弃，又或者是代表恐怖，或许不同的精神分析学家会有不同的解释吧！毕竟既有对此表示轻蔑的精神科医生，也有认真对待的精神科医生。总之，这是从 20 世纪 50 年代开始进行的长期临床研究报告，以后经过长时间的研究应该会发现一些新的东西吧！

实际上，在看孩子的绘画时，比起注意颜色，我们会把更多的注意力集中在孩子所用色彩的强弱和明暗上，还会思考"对于那个孩子来说"这个颜色意味着什么。当然，在看孩子的绘画时，就像前面提到的紫色被约定为娱乐的颜色，我们脑中也会出现一些被社会符号化的颜色。

另外，比起颜色，我们会更在意孩子画画时的样子、握笔的姿势、构图的位置和所画的内容，以及各自的关联性、至今为止的流程等，总之会注重整体，不会去想这种颜色到底代表着什么含义。

我想传达的是，对于父母来说，不要单从颜色的解释去看孩子的画，否则会变得喜忧参半、心里不安。与其在意某种颜色表达何种意义的解释，倒不如问问孩子："这是什么呀？"多和孩子聊聊画的内容，来了解他们的内心，珍惜和孩子一起度过的时光，这才是最重要的。和孩子在一起的时间，可以传达很多内容，毕竟面对面交谈是最好的方式。颜色的解释、理解之类的，都统统抛到九霄云外吧！

只是，为什么紫色会给人们一种神秘的印象呢？这一点值得思考。紫色的高贵印象来源于染料的价值不菲，神圣是古代鲜艳的颜色都带有的意象。紫色是和红色、黑色、蓝色都相近的颜色，在实际的染色过程中也会由于推罗紫和紫草等染料的不稳定而出现颜色的变化。是因为不稳定才给人恐怖的印象吗？

那么，如果某种颜色能给人长远的稳定影响，就说明其中一定存在着和生命相关的东西，这是我个人的看法。如果这么考虑，就能解释得通了。

当我们撞伤的时候，伤痕会变成什么颜色呢？皮肤上会陆续出现暗紫、青紫和红紫等颜色。被称为紫斑的颜色，其变化、消失的过程就是伤痕恢复的表现。大概从人类的体毛消失、露出皮肤开始，我们的祖先就一直在见证这样的过程吧！或许紫色这种颜色的产生，就像是代表了从不安状态回归到日常生活的仪式。

另外，由于血型障碍和疾病等原因，口唇、面部、指端等会变得青紫，这种青紫症状叫作"紫蓝症"。比如婴儿长时间地剧烈哭闹会导致缺氧，身体就会变成青紫色。

还有，死者的身体也会随着时间发生变化，会出现死斑，这在我们现代的日常生活中很难看到。随着时间的推移，死者的皮肤上会出现红紫色和青紫色的斑点。这种变化对于古人来说，是把死理解成“再也不会动”的象征性颜色吧！

用手可以触摸到的血的红色，是伴随着实感“体验”的颜色，但是一旦出现紫色就会慢慢发生变化，即便触摸有发病症状的皮肤，也不会产生“触摸颜色”的实感。这样的颜色，对于生命来说，既可以代表恢复健康，也可以象征死亡。紫色带有的各种不可思议的含义，或许就是由此产生的吧。

从人类发展的历史来看，紫色和人的关系中一直存在着以生命为轴心的神秘、不可估量的恐惧，这成为紫色一直以来令人倾倒的力量。紫色和红色一样不那么容易理解，不过我们有时候是不是觉得紫色比红色更富有魅力呢？

尽管只是想象，我也不会说紫色是治愈的颜色、会诱发神秘的潜在能力之类的话。因为如果说“紫色是让人感到不可思议的颜色”，就认为“拥有紫色就能获得不可思议的力量”，按照这个逻辑，“美人很出色”就变成了“接触美人就能变得很出色”。这是不会发生的。而且，如果说依靠紫色的力量就可以让人治愈，那么所有的颜色都可以变成治愈之色，是不是这样呢？

假设身体上出现的紫色象征着复杂的生死，那么比起恐惧，捕捉到紫色的高贵和美丽意象的日本古代文化更让人感兴趣。或许是因为在文化根基中蕴含着原封不动地接受无常观的态度，比起对死亡的恐惧，人们更能在超越的存在中看到崇高的美。人们对相同颜色的反应，会根据文化和时代的不同而不同，这也是颜色的有趣之处吧！

第七章

粉红色

女性都喜欢粉红色吗

柔和的粉红色会给人可爱、温柔、幸福、女人味、浪漫、梦幻等感觉。很少有人讨厌这些感觉，所以粉红色受到大家的喜爱。但是，深粉色也会让人产生不愉快、不安定等感觉，所以色彩的浓淡会带来很大的差别。

一般来说，“女性都很喜欢粉红色”。在日本的信息杂志和各大网站进行的“颜色的好恶”问卷调查中，粉红色在喜欢的颜色中名列前茅。而且，女孩的玩具和文具很多都是粉红色的。由此看来，

粉红色

女性是从幼年期就开始喜欢粉红色了吧？

有几个针对儿童喜欢的颜色的调查（日本色彩研究所，2009~2015 年），非常有趣。

首先，3~6 岁的女童，问到她们喜欢的颜色，粉红色以绝对优势遥遥领先。在大部分调查中，将近 90% 的女孩都回答喜欢粉红色。的确，这样一来女孩的商品肯定以粉红色居多。顺便说一下，相同年龄层的男孩最喜欢的颜色是蓝色。

其次，调查对象是小学一年级的女孩，基本上还是都喜欢粉红色。到了二年级，浅蓝色逆转粉红色，或者与粉红色不分上下。三年级左右的女孩，喜欢浅蓝色的明显超过粉红色。六年级的女同学喜欢的颜色比较分散，不过最受欢迎的仍然是浅蓝色，其中白色和黑色这样老成的颜色也获得了不少人气。

女孩大都喜欢粉红色，例如 3~12 岁的女孩对粉红色的喜好达到近 70%，同年龄层的男孩则不到 9%（虽然数字会有误差，但无论在哪个调查中，女孩和男孩之间的差异都是压倒性的），二者形成鲜明的对比，所以说和男孩相比，女孩的确更喜欢粉红色。

在日本过去的调查中，色彩的提示和选项与现在有所不同，所以不能进行单纯的比较。根据 1973 年千千岩英彰先生的调查结果可知，5~6 岁的儿童喜欢纯色（没有混杂的浓烈的颜色）的倾向较为明显。男孩喜欢蓝色、绿色、黑色等，女孩喜欢红紫色和红色，两性喜欢的颜色差别很大，但在喜欢黄色、橙色、粉红色等方面和现在是相通的。另外，小学生喜欢的颜色几乎和大人一样，男女的差异也比较小。仅根据这一项调查还不太清楚，不过从中可以看出时代的影响。

事实上，研究者之间也有不同的意见，有的研究者认为色彩的喜好是与生俱来的，主要是生物学上的原因，有的研究者则认为是由于文化的影响。

2007 年，英国纽卡斯尔大学的视觉神经科学家安雅·哈尔伯特教授针对女性是否比男性更喜欢粉红色，以及为什么面向女孩的商品是粉红色的等问题，进行了实验和考察，一时间在网络上引起了轰动。据说安雅教授进行研究的起因是，她注意到面向女孩的商品大都是粉红色的。看吧，在其他国家也一样，大家果然都有这样的疑问。

实验采取的方法是，通过让实验对象接连不断地观看带有颜色的长方形，来调查其无意识的色彩喜好。从结果来看，在蓝色上男女没有差别，在带点儿红色的颜色上出现差异，女性更喜欢偏红的颜色，所以说“粉红色和丁香紫（淡紫色）是女性喜欢的颜色”。

研究者根据这个来验证在色彩喜好方面存在着男女差异，考察“女性喜欢粉红色是因为在史前时代男性负责狩猎，女性负责采摘红色果实”。另外，研究者还指出，“红色代表健康的面色”，由此衍生出“喜欢红色系”的偏好。也就是说，安雅教授的观点是色彩的喜好差异中存在着遗传方面的要素。

的确，在进化的过程中，雌雄差异对种类的繁荣起到很大的作用，所以对颜色的不同反应也并非不可思议吧！虽然难以证明，但是考虑到其他生物的雌雄差异现象，这一点应该是可以理解的。在这样的背景下，对于蓝色基本上不存在男女差异，所以从“对女性特殊化的营销”方面来考虑，面向女孩的很多商品就选用了粉红色。

但遗憾的是，如果是由于“果实的采摘”，那么成熟果实的颜色未必都是红色的，更重要的是如果“红色系统”是起源，那么比起粉红色，橙色应该更合适，但现实却是粉红色。为什么只有这个颜色如此吸引女性呢？为什么粉红色会让人觉得很可爱呢？这些都没能得到很好的解释说明。

除了实验，一方面，从日本市场营销方面来看，广泛流传的说法是，粉红色会让人想到婴儿的脸，所以受到女性的喜爱。但这只是日本人的想法，其他肤色较深的民族可不一定会这么想。是不是不太自然？的确，关于粉红色的问题真的是一大难题啊！

另一方面，也有观点认为色彩的喜好受到文化和社会的影响。

实际上，问现在 3~6 岁的女孩为什么喜欢粉红色，最多的回答是“因为很女孩子气”“因为很可爱”。在对一些母亲的意识调查中，家有女儿的母亲“想给孩子穿的衣服颜色是粉红色”以绝对优势位居第一。

另外，在关于“父母想给孩子穿的衣服颜色”“孩子想穿的衣服颜色”的调查中，也有很强的粉红色相关性，即在父母想让女儿穿粉红色衣服的家庭中，女孩自己也会想穿粉红色衣服，可见其关联紧密。在父母与孩子之间出现的“粉红色真可爱”之类的对话，以及“女孩就应该喜欢粉红色”这种无意识的“社会上的一般想法”，其实都是父母的影响，难道不是这样吗？

还有在1989年的调查中，女孩想穿的衣服颜色和父母想让女儿穿的衣服颜色，位居第一的都是红色。父母的这种感觉也有可能对千千岩先生的调查结果产生了影响。如果真是这样，那么可以说对粉红色的喜爱受到了文化和社会的影响。

父母的影响对男孩也一样，小男孩都喜欢蓝色，想穿蓝色的衣服，而绝大多数父母想让儿子穿的衣服颜色就是蓝色。可见，不管是粉红色还是蓝色，都说明父母的意识影响着孩子的色彩喜好。再加上很多男孩的父母在下意识里都有一种感觉，即认为粉红色是女孩的颜色，于是在育儿过程中也影响着孩子。从现代的日常生活可知，粉红色正在被“符号化”。

例如“光之美少女系列”，作为主人公的女孩和女性，以及其他一些正面角色，都身着粉红色、米色、浅蓝色、白色、淡紫色或明亮清澈的颜色登场。与此相对地，男性则以深色或灰色为主，是比较拘谨低调的配色。敌方的反面角色通常以黑色和深紫色为基调，来显示其恶毒。整体来看，色彩构成的差别一目了然，孩子们会无意识地从自己喜欢的动漫中体验到大人认为的“女性”“可爱”“温柔”“美丽”和“男性”“强大”，以及“恐怖”“凶恶”等。

动漫中几乎所有的女主人公都以粉红色为主，将其转换到玩具和文具上，又用女孩的粉红色、可爱的粉红色这样简单易懂的形式再次传播，于是社会上粉红色的符号被强化，不断循环往复。由此可以看出，在粉红色的喜好和意象中，文化创造所占的比重很大。

熟知粉红色含义的蓬帕杜夫人

关于女孩用的粉红色，大家立刻想到的是不是婴儿用品中的婴儿粉？一般来说，在日本送出生贺礼时，对方是女孩送粉色的，是男孩送蓝色的，在不知道性别或者不想纠结的情况下可以选择米色。

以前欧洲也有这种传统印象，但有观点认为粉红色和婴儿的关联是一种新的现象，是在 20 世纪 50 年代前后的美国固定下来的。

马里兰大学服饰历史学者乔·保莱蒂指出，1918 年的婴儿服饰业界杂志中有一篇文章写道：“鲜明浓烈的粉红色”适用于男婴，“细腻柔和的蓝色”适用于女婴。男孩给人的感觉是充满元气，女孩给人的感觉是安静。

不太清楚这里所说的“粉红色”和“蓝色”究竟指什么样的颜色，不过可以确定的是，当时的美国并没有粉红色是面向女孩的颜色这种意识。在 19 世纪的法国，据说也有给女婴穿粉红色衣服的习惯，不过好像这是叫作“rose bon bon”的像艳粉色一样浓烈的颜色。其他关于婴儿的粉红色和蓝色的说法还有很多，比如可以用白色代替，受到第二次世界大战后粉红色成为女性的颜色的影响，等等。总之，不仅仅是什么样的粉红色，关于粉红色在历史上兴起的原因和时间也是众说纷纭，看起来很难断定。

从欧洲粉红色的出现率来看，最突出的还是18世纪的洛可可风格。说起那个时代的配色，我们脑海中会浮现出“浪漫色彩”吧！当时的男性贵族也喜欢化妆。虽然那是一个女性化的时代，但前一时代的太阳王路易十四是绝对的王权统治，严格刻板的宫廷使贵族产生了极大的不满。路易十四死后的8年间，腓力二世（奥尔良公爵）辅佐年幼的路易十五管理政治，他不喜欢讲究繁文缛节的宫廷，而喜欢轻松的沙龙风格，并创造了洛可可的风格——沙龙文化兴盛

洛可可风格

的根基。另外，他的爱妾能够光明正大地活跃于社交界，也是因为他不忌讳这样的事情吧。到了爱好女色的路易十五的时代，更加速了这种享乐文化的发展。

沙龙多由女性主导，招待哲学家、学者、画家、诗人等文化人，是贵族和市民聚集的地方。当时丈夫的职责就是支持妻子。正因如此，女性文化才会如此绽放。

洛可可风格的精髓是充满柔和的色彩、素材感、轻快细腻。那个时代备受人们喜爱的是明亮的颜色。与其典型代表白色相搭配的有粉红色、浅蓝色、米色和其他轻快的颜色。稍浓的颜色之所以成不了主角，大概是因为和白色搭配在一起会损害轻快感，不符合约定俗成的贵族文化吧！

甚至连想要诱惑女主人的男人也奔向这种轻快感，当时的绘画主要是男女间相互追逐和情色方面的题材，描绘得华美细致。虽然艺术价值不高，但是在构思设计方面将纤细之美表现得淋漓尽致，可以说是代表着欧洲之美的匠心之作。

在这个时代，出现了特别喜爱粉红色的女性，那就是左右当时宫廷文化的人物之一、为粉红色冠上其名（“蓬帕杜玫瑰粉”）的蓬帕杜夫人。

蓬帕杜夫人是法国国王路易十五的爱妾，不仅貌美如花，还拥有很高的审美意识和商业品位，是时代流行的风向标，还是艺术家的资助人。她能和孟德斯鸠谈论文学，会画画、弹奏乐器，因为喜欢唱歌，曾参演歌剧和戏剧，阅读量也非常惊人。后来还购买制作美丽瓷器的工厂，施展其指挥才能。“蓬帕杜玫瑰粉”是发蓝的华丽的玫瑰系粉色，用于工厂的瓷器制造。

《蓬帕杜夫人》 弗朗索瓦 · 布歇

但是，蓬帕杜夫人不是贵族，而是平民。据说她的叔父给她请了在文学、艺术等方面一流的教育家。

一般认为，蓬帕杜夫人促进了法国和与之长期对立的奥地利两国之间的和解（被称为外交革命，指的是 17 世纪以来一直对立的哈布斯堡家族和波旁王室的结盟，对后来的欧洲历史也产生了影响）。不过，比起道理和大义名声，两国的和解是她巧妙地利用女性的感性带来的结果吧！

或许正因为她是这样聪明的女性，才能更好地理解与男性的关系，更清楚地意识到粉红色传递的感觉，并加以灵活运用。对于她来说，或许粉红色代表着人生的智慧。

“卡哇伊”和“粉红色”的关系是什么

很多日本女孩回答喜欢粉红色的理由是“因为很卡哇伊”。“卡哇伊（可爱）”这个词也传播到了全世界。字典上的解释是“被小巧之物、柔弱之物等吸引的情绪、感受”，可见“卡哇伊”里已经包含了内心被吸引的状态，因此可以说“卡哇伊 = 好感度高”。

以前“卡哇伊”这个词一般用于形容对小孩子和小动物等的怜爱之情，进入 21 世纪之际，一些年轻女性看到欧吉桑会说“卡哇伊”。对此也有人感叹她们的词汇量不足，但现在这种用法已经变成理所当然的了。而且，“卡哇伊”还进一步发展成世界通用语。这让我真正理解了人们为什么说语言是“活的东西”了。

在古典文学中也有类似的用法，清少纳言在《枕草子》中把麻雀蹦蹦跳跳的样子和小孩子的模样描写为“美好、可爱”，翻译成现代语和“卡哇伊”意思相同。吉田兼好在《徒然草》中，看到年老的僧人步履蹒跚，用“よろめきたる、いとかはゆし（踉踉跄跄、不忍直视）”来表述，这成为“かわいい（卡哇伊）”的语源之一，现代日语中的“かわいそう（可怜）”就是由此而来。

由此来看，“卡哇伊”中包含着两方面的感受：一方面是看见后让人不由自主地想要微笑的感觉；另一方面是对于比自己弱小的人产生的一种想要帮助的心情。

如果从直观和想象两方面将其进行一般性定义，“卡哇伊”共通的状态是“小巧、圆乎乎、柔软”，颜色则是“以粉色等浅色调和明亮纯净的颜色为主”。关联的感觉有两种，一种是大人也能产生共鸣的“罗曼蒂克、温柔的女性、纯洁干净”，另一种是少女身上的“活泼、开朗、天真无邪（孩子气）”等。

日本的“卡哇伊”在不断地多样化。在正统的地方看到妆容漂亮自然的模特，忍不住说“卡哇伊”。这种卡哇伊源自罗曼蒂克、有女人味；看到“凯蒂猫”等卡通商品时说的“卡哇伊”指的是活泼开朗的孩子气的卡哇伊。如果这样来看，会更容易理解。

粉红色之所以成为“卡哇伊”的主流，是因为淡粉色是女性的、浪漫的颜色代表，深粉色能够表现生机勃勃的孩子气。这是只有“可爱之王”粉红色才具备的特征。粉红色的实力真是不同凡响啊！

但是，为什么“卡哇伊”会和粉红色产生紧密联系呢？前面提到了两种说法，一种是像“狩猎采集假说”中那样的人类天生具备的东西，另一种是像母子传达相似的由文化创造的东西。如果存在母子间的传播，那还是文化说更靠谱？不过就我个人来看，应该是“两方说”。很抱歉，有点贪心了！

以下可以作为文化说的一种验证。最近日本人大多认为粉红色才是可爱颜色的代表。不过同样是在日本，大正时代创作的童谣《金鱼的午休》中唱道：“穿着红色衣服的可爱金鱼。”这里的“红色”是美丽的象征语，和“卡哇伊”联系在一起。明治时代和大正时代的少女杂志中描绘的女子，必定会伴随着红色的出现，如红色丝带、红色和服、红色衣服，以及红色嘴唇等。红色不仅是女性的颜色，还可以指少女的魅力，即用来引出少女的可爱。

从时代来说，画家竹久梦二从男性的视角描绘了慵懒女性的温柔多情，之后中原淳一描绘了女性向往的可爱女性形象。少女漫画的代表画家高桥真琴用少女的视线描绘的少女插图，是当时浪漫可爱的范本，带着令人憧憬的西洋姿态和洛可可风格的世界观。

从这些画作和插图的配色可以看出，从红色是主角、粉红色是配角的时代，渐渐演变成粉红色是主角的时代。我认为这种时代的变化，是养成少女们即后来的母亲们喜好粉红色的背景之一。

由此看来，粉红色所处的地位是后天产生的，因此可以认为这是受到文化和社会的影响吧！

但是，为什么姐妹色不是比红色稍淡些的橙色，而是粉红色呢？这一点人们还是觉得不清楚。该如何说明这个事实呢？或许影响力很小，但我想从“只有粉色所拥有的背景”的参与，即文化以外的、与生俱来的事物这个角度来考虑。

我想到的是之前提到的“信号刺激”。例如，雏燕的喙两侧的黄色是“信号刺激”，越是能张大嘴巴引起父母注意的雏燕越容易获得食物，这种颜色会开启雏燕父母“必须给孩子喂食”这一本能行为。

另外，还有一个新的例子，就是获得诺贝尔奖的澳大利亚动物行为学家康拉德·洛伦茨提出的“婴儿图式”的古典概念。他认为，人类等一部分生物在看到婴儿和其他种类的幼体时，受到其形态的触发，会产生想要去照顾的感觉（养护反应）。

幼体在形态上都有共通性，如脑袋大、整体圆圆的、眼睛大大的、身体软软的等，可以列举出很多特点。是不是觉得这种形态有线索可循？对，就是和我们日常生活中所说的“卡哇伊”相通。如果这些特征很明显，不管对方是婴儿、动物，还是动漫角色，人们都会觉得“可爱”。而且，连小孩子都有这样的感觉，因此可以说这不是文化，而是“先天的反应”。

那么，从这些观点来考虑“不是橙色，而是粉红色”的背景，婴儿的什么地方是粉红色的呢？粉红色的脸颊确实引人注目，不过根据人种的不同也会不同。况且，古时候的人类就算是婴儿，大概

婴儿

体毛也很重，所以不能说婴儿皮肤的颜色都是粉红色的。那么，到底是哪里呢？可能是“口中”。不管多么古老的人类，嘴里都是粉红色的吧！

女性通过怀孕生孩子，与哺乳等相关的脑内激素被活化，在哺乳期间只要听到孩子的哭声，就会产生母乳。哭声、气味、抚摸的触感等，五感获得的各种信息变成刺激，使母性不断被强化。

从色觉对人类的存续起到有利的作用，以及拥有色觉的动物具有信号刺激的颜色来看，人们是不是能理解母子间的刺激中带有从颜色获取的信息呢？

而且，如果那是婴儿的嘴唇和口中的粉红色，又会怎样呢？看到一张一合的婴儿的嘴唇和口中的粉红色，母亲流露出的情感如果用语言表达，大概是“太招人喜欢了”“好可爱啊”之类的吧？我个人认为，这和婴儿图式的“形态”一样，即便养护反应是由“颜色”引起的，也不会让人觉得不可思议。

客观来看，像人类这样复杂的生物，如果是关于下一代的生命问题，一定需要几个推动本能行为的开关。像促进哺乳等养育行为的信号刺激，需要启动五感。因此，粉红色是其中一种信号刺激，例如母亲听到哭声，视线会转向嘴边，在产生想要哺乳的感觉时，母亲注视的嘴边是粉色的，可以认为这和之后用语言表达为“卡哇伊”的情感融合在了一起。与其说粉红色是信号刺激或者不是信号刺激，倒不如说母亲在“想要哺乳的时候”，看到的颜色刚好是婴儿口中的“粉红色”。

因此，我们现在感受到的“卡哇伊”，不是橙色或其他颜色，而是粉红色。这样是不是解释得很清楚了？没有人给出解释，我就自己先这么解释了。

“卡哇伊”和粉红色、女性和粉红色，文化最大化地孕育了其相互之间的联系，不过我认为，文化在根本上一直蕴含着类似通奏低音的东西，即养育婴儿的人类的设计图，以及其中颜色的作用。用粉红色就能将话题扩展至此，足以证明其内容深奥得很啊！

男性和粉红色的关系是既甜蜜又可怕的永恒课题

1995年及在此之前，千千岩英彰先生对世界20个国家进行了调查，对于“听到女性会想象出什么颜色”这个问题，在多达47种的选项中，粉红色几乎不存在文化差异，位居男性选择颜色的第一或第二。最近，研究者对少数人进行了调查，对女性的印象色位居第一的仍然是粉红色。可见时代虽然在变化，但是人们的认识并没有发生太大的改变。

一般来说，根据时代、地域和对象的不同，问卷调查的结果也会受到影响，不过综观整个社会，对于很多男性来说，粉红色是会让人联想到女性的颜色。对于这一点，应该没有强烈的反对意见吧！那么，男性喜欢粉红色吗？不是的，那种心情有点复杂。

与粉红色一定位居女性“喜欢的颜色”的前几名不同，从幼儿到 60 岁以上的男性，无论是哪个年代，粉红色必定位居他们“讨厌的颜色”的前几名。对于男孩来说，粉红色是“女孩的颜色”，所以他们讨厌这种颜色。另外，社会往往对男孩的期待比女孩更高，希望他们更“像男子汉”，导致他们更容易对粉色产生抵触情绪。但是，在各种各样的调查中出现了不同的结果，于是粉红色的多重意象浮现出来。

例如，根据信息杂志的调查，“在女性的服饰方面，能带来好感的颜色”是白色系、蓝色系，然后是粉色系。但是在其他调查中，男性在回答“约会时不希望女朋友穿的衣服颜色”时，粉红色位居第一，不过对“女性涂抹的口红颜色中最喜欢的颜色”的回答却是粉红色。男人的逻辑，真是相当混乱啊！

或许每个人的感受不尽相同，但一般来说，几乎没有人厌恶色彩个性较弱的淡粉色、天蓝色和白色等颜色。

不过，如果是深粉色，会产生强烈的信息性，传达出颜色所带有的强烈的“女性感”，穿着这样的颜色去约会，会使男性感到一种无法言说的压迫感，而且还要在意周围人的目光，如果是第一次约会或许也无可奈何了。如果女性过于积极，持有这种观点的男性估计会敬而远之吧！

话虽如此，日本男性喜欢的花的颜色位居第一的仍是粉红色，

樱花

最喜欢的花是樱花，也就是说，只要女性没有穿戴在身上，他们还是喜欢粉红色的，因为粉色是很温柔的颜色。真是太复杂了！

另外，粉红色也位居女性讨厌的颜色的前列。大概是凸显女性特性的粉红色意象，会让人感到不快和腻烦吧！

对于男性来说，“虽然喜欢但可怕，所以讨厌”的粉红色，是穿戴时要注意的颜色。例如日本的男性去欧美时会格外小心，因为在欧美，粉红色被看作同性恋的颜色。因此，男性穿着粉红色衣服容易被认为带有特别的含义。

当然，这并不是说男性就不能穿粉红色衣服。一方面，足球选手克里斯蒂亚诺·罗纳尔多就曾身穿粉红色的毛衣。也有人说只有成熟、有男子汉气概的帅哥才能穿粉红色衣服。在英语中粉红色有“时髦”“精心打扮”的意思，所以按照日本人对粉红色的印象去理解就错了。

另一方面，日本的男孩虽然小时候就回答讨厌粉红色，但或许他们并不像欧美人那样抵触穿粉色衣服。时常会听到“粉色男人”这个词，其实距今30年前已经存在粉色男人了。那时在女性时尚杂志的策划中出现了《粉色！粉色！》的标题，里面登载了当时人气爆棚的杰尼斯偶像身穿粉色衣服的照片，帅气的人穿粉色依旧好评如潮。

但是，日本最美的粉色男人的登场应该是在更久远的《源氏物语》中吧！紫式部将主人公光源氏设定为一个身穿粉色衣服的优雅貌美、温文尔雅、引人注目的人物，获得了良好的效果。

这一场景出现在《源氏物语》第八回《花宴》中。光源氏在宴会之夜和初次见面的高贵女性私通，后来故意在右大臣举办的藤宴中迟到。他出场时的装束是这样的：“只见他外披一件白地彩纹中国薄绸常礼服，内穿一件淡紫色衬袍，拖着长后裙飘然而至。”

《源氏物语绘卷》（局部）

其他王公贵胄都身着礼服出席，只有他一人故意穿着休闲的日常服饰。光源氏穿的衣服类似于现在所说的和服，外面是质量上乘的白色微透常礼服，素淡的红紫色衬里隐约可见，整体看上去像是樱花色一样的淡粉色。《源氏物语》将光源氏描绘成令花儿都黯然失色的美男子。如此一来，应该没有比光源氏更美的粉色男人了吧！

在浓厚的颜色极具价值的时代，紫式部感觉到这种浅色所具有的价值，而且让男主人公身穿这种颜色的衣服，塑造了一个超越性别的富有魅力的人物。紫式部的这种感知力真是太厉害了！

英语中所说的“fresh pink”，指的是肤色中最美部分的颜色。粉色的皮肤可以说是健康的证明。但是，“have a pink fit”则为发怒之意（由于愤怒脸上发红）。从这种用法来看，大概白色人种的皮肤比黄色人种的皮肤更容易与粉红色联系在一起吧！

《阳台上的两姐妹》 雷诺阿

另外，女性的皮肤

比男性更加白嫩柔软。大家想象一下，画家雷诺阿描绘的少妇的丰润甜美的粉色肌肤，或许就更容易理解了。

雷诺阿和作家莫泊桑时有来往，不过看着同样的世界，雷诺阿觉得莫泊桑“无论看什么都是灰暗的”；而在莫泊桑眼中，雷诺阿“无论看什么都是玫瑰色的”。

或许雷诺阿会给人乐观的印象，不过事实上，他所描绘的女性的美丽肤色，的确充满了像玫瑰花一样的粉红色。或许粉红色是雷诺阿的理想之色。

由此看来，对于全世界的男性而言，粉红色好像和女性的存在无法分割。即使社会逐渐将其符号化，那也和意味着女性养育行为的粉红色一样，在根本上存在着广泛扎根的要素。所以可以预测到，从男性的视角来看粉红色和女性的关系，也就是繁殖行为。

在“红色”那章中我提到过使雄性黑猩猩产生性行为的信号刺激的话题。想要知道雌性的发情期，雌性屁股上的红色很重要。如果颜色浓会显示红色，如果颜色淡就是粉红色。这和远古时期的母亲看到婴儿的嘴部一样，当时的雄性黑猩猩通过看雌性的屁股，来判断何时可以进行性行为。也就是说，女性看见粉红色感觉到的“卡哇伊”，和男性看到粉红色感觉到的“卡哇伊”在性质上是不同的。

在关于“觉得可爱的年龄”的调查中，认为 5 岁以下的孩子是最可爱的女性是男性的两倍。相反地，认为 21~24 岁是最可爱的年龄的男性是女性的近两倍。所以，什么才是可爱的？这和对粉红色的反应难道不是一样的吗？男人什么时候才能意识到，既甜蜜又温柔又可爱是痴心妄想呢？

第八章

白、灰、黑

洗白是很费劲的事儿吗

听到“白色”，人们脑海里大概会浮现出婚纱、护士、雪、大米等身边具体的人和物，以及清洁、无垢、神圣、和平、无、紧张等感觉。例如，在皑皑白雪上踏上脚印时，“把洁白无瑕的东西弄脏了”的感觉会令人犹豫和紧张（有的人则是心怦怦直跳的兴奋）。正因为纤尘不染，才会让人觉得紧张，毫无放松感。

实际上这并不只是想象。如果把房间的墙壁粉刷成纯白色，由于白色对光的反射率较高，会使人容易疲劳，所以对于墙壁的装修需要多下功夫，比如在表面贴上凹凸不平的壁纸、采用乳白色等。虽然白色是明亮干净的颜色，但是如果白色过于强烈会让人身心都难以放松。

那么，同样是白色，英语中的“white”有什么样的意象呢？

是有灵性的贤者之色，是洁白、公平、干净的颜色，是纯洁的处女的象征。例如，格林童话《白雪公主》的“白”是处女的象征，还有研究者认为，出现红唇和红苹果的故事，是以“成熟”为核心的故事。而基督教中重要的“白百合”，是表现法国波旁王朝和神的神圣联系的王的象征，据说后来法国国旗中的白色也是由此而来。

白色还含有死亡、亡灵、恐怖的意象。在古代欧洲各地，最初丧服是白色的，黑色是后来才形成的风潮。另外，在欧美的老电影中，幽灵一定是以白色的模样现身。在美国动漫中，斯皮尔伯格制作的动画电影《鬼马小精灵》，里面可爱的孩子幽灵也是白色的。

在日语和英语中，白色都可以表示光的明亮，还可以指像月光那样的“青白色”，或许就是从这样的印象中产生出异于太阳光的不稳定性。不过，作为纯洁无暇的颜色，白色从古代开始就出现在全世界的宗教中，成为神圣之色。在日本的神道中，神主和巫女都穿着白色的和服。

在注连绳上和祓禊的时候看到的白色纸条——“纸垂”，最早见于《古事记》，可见在古代人们就认为白色蕴含着神圣。另外，

注连绳

据《圣经》描述，神坐在白色玉座上，天使、殉教者们“身上缠裹着纯白色的亚麻布”；古代埃及女神伊西斯的神官也只能身穿白色的衣服。

“神是白色的”传说也曾创造出悲惨的历史。古代墨西哥的阿兹特克帝国转眼间被西班牙人征服而灭亡的背景中存在一个预言，即会出现“白皮肤的神”，结果阿兹特克人把西班牙人看作神，这也是其灭亡的原因之一。

说到白色颜料，在古代主要是白垩和胡粉。白垩是石灰岩的一种，可以用来制造粉笔。胡粉是用贝壳烧制而成的粉末，在日本画中用作白色颜料。在古代各国，都有把白垩和胡粉用作白粉的时期。

那么，古代有白色的染料吗？并没有。因为人们发现与其花费功夫寻找可以染成纯白色的材料，倒不如直接漂白来得简单快捷。于是，人们曾热衷于研究如何漂白。

初期的漂白和洗涤好像并无区别，埃及在公元前3000年左右就已经出现了“洗涤”的象形文字，是用水中的两只脚来表示，也就是“踩洗”。这在现在也是简便实用的洗涤方法。

以古埃及为代表，衣服“清除污秽”的这种行为，必定会出现在各种宗教仪式和教义中。虽说其理由是神灵讨厌污秽，但从根本上说，这大概是生物的本能吧！

许多生物用一些保持清洁的方法来预防疾病，提高生存率，这是它们与生俱来的行为和习惯。去除污秽后就会变得很洁净，从而提高生存率，个体的遗传因子就更容易保存下来。这种现象逐渐扩展到越来越多的物种。与此同时，“干净整洁会让人心情舒畅”，这种感觉也是本能行为的动力，或许早已悄悄地融入生命的设计图中。

世界四大文明都产生于大河之畔，人类自从以衣蔽体后，水浴就和衣服的洗涤联系在一起。最能象征洁净无污状态的大概就是“白”吧！维系生命的洁净的重要性（无意识地）投射到白色中，将其与精神性联结在一起的或许是宗教的洁白。如果这样考虑，是不是可以说人类拘泥于白色的情感，根源在于排除污秽以维系生命的本能？我会不由得这么想，毕竟白色是守护生命的颜色。

回到漂白的话题，古代是从当地的环境中寻找并使用能用于清洁的东西。在古埃及和美索不达米亚，使用的是天然的苏打和黏土等自然物质。人们还发现将植物焚烧后的灰溶于水中，用澄清的部分做成碱水漂白的方法。这种漂白的方法在3世纪前后传到了日本。此外，还出现了其他的漂白手法，比如反复在水中浸泡后再在阳光下曝晒的“川晒”，将布放置于雪上在阳光下曝晒的日本独特的漂白方法“雪晒”，当时的漂白技术似乎很高明。

《万叶集》中持统天皇曾吟诵一首和歌：“春過ぎて夏来るらし白妙の衣干したり天の香具山（香具山光好，谁家晾白衣？夏风吹袖满，不必唤春归）。”有一种观点是：和歌中所指的并不是一般意义上的晾晒白色衣服，而是到太阳的紫外线强度正好适合漂白的时候，人们才拿出来晾晒。

从埃及等国家获得洗净、漂白知识的欧洲人，也不断地进行研究。喜爱白色的古罗马人发现用碱水容易损伤羊毛织物，于是就用燃烧的硫黄熏蒸，再用发酵的尿进行漂白。当时罗马街头设有收集人尿的场所，据说收集尿液还要缴税。有一种说法是，有人使用尿液使牙齿变白，真是难以想象！总之，在古罗马，人们热衷于把皮肤、牙齿、羊毛和布变得更白。

在 15 世纪的意大利，还有一种颇费时间和功夫的漂白方法，需要同时使用肥皂、碱水、发酵尿等，进行非常复杂的操作。不过，这是有钱人才会使用的方法。像染色、漂白等花费大量功夫才能制作出的昂贵的布匹和织物，一般人无法享受。他们穿的衣服颜色通常是没有漂白的羊毛原本的颜色，毕竟当时是彩色和白色都属于有钱人的时代。

虽然现在我们使用纯白的布是稀松平常之事，但是历史上曾经有很难获取白色的时代，因此可以说，白色是如果没有强烈的念想就无法追寻到的颜色。我不由得深深地体会到，生活在安稳舒适的现代真是太好了！

香奈儿放弃的白皮肤

近年来由于日益高涨的美白信仰，以及日晒有引发皮肤癌风险的说法，遮阳伞在日本年轻女性中有流行的迹象。避免紫外线的照射，保持白嫩的皮肤状态，这种想法我们很容易理解，不过用英语来说明“美白”这个词似乎很困难，因为欧美人没有这种意识。在欧洲，晒黑的肌肤是能够享受日光浴的上流阶级的证据。在美国，人们也认为白色的皮肤是不健康的，小麦色的皮肤看上去很健康，所以他们不会使用遮阳伞，也不关心美白。美丽的肌肤和白皮肤是不同的概念。

不过，即便是在古代欧洲，也曾有很长一段时间认为“白皮肤”是美的基础。

在公元前3000年左右的埃及，神官和王族开创了“化妆”之风。当时他们皮肤上涂抹的是黄土色和闪亮的金黄色。古代埃及人的人

《亚嘉杜的罂粟花田》 莫奈

种很难界定，他们的皮肤颜色并不确定。那里混杂着地中海沿岸地区和亚洲、非洲地区的人。可以说古埃及是一个混血之地，当时与他们的皮肤颜色最匹配的明亮色大概是“金黄色”的粉底吧！

同时期的古希腊是以男性为中心的文化，随着时代的发展，在身份地位较高的女性中开始流行使用白粉等化妆法。古希腊人认为美是肉体和精神的一体化，包含打扮和与健康紧密相连的观念的美容法，和装饰表面的化妆法是不同的。

到了古罗马时代，被称作“罗马浴场”的公共浴场甚至成为人们社会生活的中心，人人热爱洗澡，每天进出几次浴场来保持身体清洁，对白皮肤的追求日益强烈。女性使用白粉、眼影、腮红、口红和全妆成为美的基础，曾经的金黄色妆容销声匿迹，开始了用铅白和白垩创造的“白粉文化”。

诗人马提雅尔曾讽刺道：“女性只有在睡觉的时候才会‘露出真面目’。”由此可见当时的女性很重视化妆。白粉从统治阶级扩散到下等阶级，使化妆文化深深扎根于社会各阶层，这也意味着对白粉和白皮肤的喜好在不断扩大。

对“明亮肤色”的喜好，从古埃及开始一直延续了下来，因为这是统治阶级的象征。这和现代欧洲小麦色皮肤代表社会地位一样，在古埃及能够维持白皙的（明亮的）皮肤且能够获得化妆品，是非劳动阶级的证明。这也成了美的依据，是人们判断姿容的标准。

以这样的社会地位感为背景形成的注重表面的化妆，在中世纪的欧洲被神职人员看作是对神的蒙骗，是被禁止的。特别是白粉，成为他们攻击的主要目标。尽管如此，妓女们为了吸引客人使用的白粉，作为极具魅力的物品受到一般女性的欢迎，即便受到阻碍，她们还坚持使用。由此看来，对于发出禁止令的人之外的男人来说，白色的肌肤配上艳丽的红唇是相当有吸引力的。

再加上当时的诗人在诗中吟咏美女有“雪白的肌肤”，所以女性更无法停止对化妆的热爱。一方面，到中世纪快要结束的时候，女性的肌肤变得更加白嫩通透，那种喝进去的东西在细细的喉咙中“能透视”的白成了女性追求的终极理想，由此开始迈入极白的世界。

另一方面，白粉材料中含有铅和水银，导致女性的皮肤变得很粗糙，还有的女性因此染上疾病。为了掩盖粗糙的皮肤和因疾病而衰老的肌肤，有的女性会涂抹更多、更厚的白粉，由此陷入恶性循环。一旦“抓住了美”就害怕失去的恐惧感，古往今来如出一辙。

到了 17 世纪前后，法国成为流行的发源地。当时贵族们的奢靡生活丝毫不逊色于凡尔赛宫的生活，他们认为“白”才是终极之美。别说女性了，白粉对于男性来说也成了必不可少之物。为了防止晒黑，他们戴着中间有纽扣可以用牙咬着的口罩，外出的时候也会涂抹美容液来防晒。这种奇怪的美容液是由从牛内脏获取的液体和砂糖、白矾等混合在一起制作而成的。为了防晒，他们真的非常努力且极具忍耐力。无论男女，都会在脸上涂抹厚厚的白粉。路易十四曾雇用过假发工匠，他晚年佩戴白色假发，引发了欧洲的流行之风。

18 世纪是白色达到巅峰的时期，人们对白色的执着到了几乎疯狂的程度，用白粉打造纯白的皮肤。为了使白色假发更白，把面粉当作发粉撒在头发上，为了固定假发，又使用一些含油物质。甚至有这样一种说法：由于贵族们将大量的面粉用在假发上，使粮食不足的情况更加严重，进而成为法国大革命的诱因之一。

一方面，假发的流行随着玛丽·安托瓦内特被处刑而烟消云散，而对美白的执着在 19 世纪以后依旧延续不断，“如牛奶般的”近乎病态的雪白皮肤受到艺术家的吹捧。但另一方面，追求美丽健康的皮肤状态而非那种带来疾病的“涂抹”化妆的信息日益传播，适度的淡妆开始流行起来。到了 19 世纪末，上流阶级的女性追求的是自然美和自然肌肤，而妓女和一些女服务员则依旧是白皮肤和艳丽口红搭配的浓妆。白皮肤的形象出现了负面印象或许就是在这个时候吧。

看完莫奈的画就会明白，遮阳伞在欧洲曾经也是备受人们喜爱的。在 20 世纪前半期，可可·香奈儿创造出“戒掉遮阳伞”的流行风，使人们从追求白色肌肤的日常过渡到喜爱晒黑的皮肤。

曾经，无论男女都痴迷地追求白皮肤的凡尔赛宫的贵族生活达到顶点，而今，对白皮肤执着的时代宣告终结。曾经被动地生存的女性摆脱束缚，进入享受自己人生的时代。在香奈儿宣告从白色肌肤中解放出来的 20 世纪，曾经普及到下层阶级的“白色象征身份地位”的观念日益消失，在上流阶级逐渐产生了新的社会地位的象征——晒黑的皮肤。

演技出色的公主的白皮肤

《源氏物语绘卷》和《百人一首》中描绘的公主，都是雪白的肌肤和宽大下巴的古典美人。原来古代日本人的审美意识也推崇雪白的肌肤，不过从颜色的历史来看稍有不同。

在 3 世纪左右的卑弥呼时代，据中国的《魏志·倭人传》记载，倭人涂着红色的颜料，这和中国涂白粉是一样的，由此可以认为日本化妆文化的出发点是把脸和身体涂成红色的“红妆”。后来的古坟时代的土偶脸上也使用了红色颜料，是用于咒术方面的化妆术。

《源氏物语绘卷》(局部)

那时对白皮肤的审美意识尚未产生。

另外，在公元前 11 世纪左右，中国就开始使用白粉。对于开始吸收先进文化的日本人来说，“白色美人”的概念应该来源于中国。

例如，中国最古老的诗集《诗经》中用“螓首蛾眉”来形容美丽的女子，即像蝉一样宽宽的额头、像蛾的触角一样弯弯细细的眉毛。还有“肤如凝脂”，用来形容女子的肌肤细嫩光滑，如凝固的油脂一般。这些真是独具个性的描写。对《源氏物语》等日本文学影响很大的《长恨歌》，诗里描写杨贵妃是“温泉水滑洗凝脂”。

白粉从中国大陆传入日本是在 6 世纪左右。据《日本书纪》记载，692 年使用铅白制作白粉的制造法传入日本，第一次制造的国产白粉献给了持统天皇，龙颜大悦。由于进口的白粉价格昂贵，人们有时好像也用贝壳和米的粉末代替。虽说白粉是高贵的象征，但使用贝类和米

《美艳仙女香》 溪斋英泉

的粉末代替，效果应该不太好吧！

奈良时代模仿中国的化妆法，即把头发盘起来，在白脸蛋上涂抹腮红。但是，自从菅原道真废除遣唐使制度，中国文化不再传入日本，日本进入了本国文化繁荣兴盛的时代，出现了平假名，还有款式复杂、配色漂亮的和服套装色调等。

同时，女性的妆容也出现了变化，蛾眉变成了画在额头上的浓眉（把真的眉毛拔掉），嘴唇画得又小又红，于是平安时代画卷中的美人闪亮登场。当时的人们认为，脸部宽、下巴宽大的女性才算得上美人。大概是知晓白色具有膨胀效果，所以女性喜欢使用白粉化妆。即使美人的条件被“国产化”了，白皮肤的地位也丝毫未被动摇，或许是因为日本人对白色本身的喜爱，他们从白色中感受到了明亮清净和神圣。

平安时代的高贵女性，从习俗来讲不能在众人面前抛头露面。恋爱时也一样，最初从交换书信开始，即使最后到了与男方见面的阶段，也要隔着帘子躲在屏风后面，总之不能让别人看见。例如光源氏，他曾随意潜入女性的房间。在充满熏香的房间里，使用的是油灯和蜡烛，光线昏暗，由于“蒲尔金耶效应”（在昏暗的光线中，红色看上去颜色发黑），所以红艳的嘴唇看上去颜色黯淡。这样一来，只有黑发围绕着的白脸赫然浮现出来。

如此情景，让人感觉很不真实，仿佛如梦幻般缥缈，又或是像被神选中的巫女一样洁白纯净且带有神秘感。这种并非一目了然的色相，或许才是当时的女性之美，是男性思慕眷恋的美。这种散发着若有若无的香气又不让人看见的文化，勾起并点燃了古代日本男性对异性的想象。当然，看不见又被引诱的情况也许不仅限于古代。

实际上无论在中国还是在日本，男性都曾使用“美人”用的白粉。在中国，三国时代结束后，贵族文化迎来了繁盛时期，高贵的男性大都会使用白粉和口红，男色一时兴盛。日本男性使用白粉的习惯始于平安时代的贵族，后来扩散到武士阶层。

有一种说法是，花园左大臣源有仁最先化妆来“模仿女性”。有仁在各方面都很优秀，比如善于吟咏和歌，在琵琶等音乐方面也颇有造诣，研究朝廷和公家文化并汇编成仪式书，等等。他的人生略显复杂（原本是皇族，曾经是天皇的养子，在天皇的孙子出生后被降格，逐出皇族之列，改姓为源），虽曾飞黄腾达，晚年却步入佛门。那么，拥有如此才能的自由人是一个看透尘世的人吗？不，从他的身份认同来考虑，他出身于贵族，出类拔萃的风雅也证明了这一事实，但他的内心恐怕并不平静吧？从他使用“高贵象征”的女性化妆术这一点可以看出，他的内心有诸多纠葛。

总之，始于有仁的男性化妆在江户时代就自然消亡了，但江户庶民文化的兴盛使得化妆深深根植于一般女性的日常生活中。

在西部（京都）的贵族文化的影响下，庶民化妆时会使用厚厚的白粉。与之相对，在新兴的东部（江户），女性一般是化淡妆。

不过无论哪一种，都是女性应当具备的修养和常识。而且，所有的女性都热衷于将自己的皮肤变得更美。这里所说的白皮肤是比起白粉的颜色，更注重肌理细腻、美丽通透的白皙肌肤，“白”这个形容词的内涵已经发生变化。话虽如此，日语中有“白色藏七难”的说法，这一用语出自江户时代的《浮世草子》(实际上好像是十难)，说的是无论怎样的皮肤，只要抹上白粉看上去就会很漂亮。这一点至今未变。虽然年代久远，但江户的感觉离我们又是如此之近。

那么，回到现代我们的美白信仰的话题，最近人们意识到肌肤不是靠白粉“创造”的，开始崇尚透亮的不化妆的皮肤。以前也有人把黄色人种通透的肌肤说成是白皮肤，而被人嘲笑说是想变成白人，这大概是因为明治时期尤其是战败后的西方情结吧？

“白垩文明”是哪里的文明

被认为是“美丽的白垩文明”的古希腊文明，实际上并不是“白的世界”，而是效仿了古埃及五彩斑斓的鲜艳色彩，这一说法最近在日本也广为人知。大英博物馆采用最新技术，使用特定颜料，制作了还原白垩文明面貌的影像。日本的电视节目也将这种五彩斑斓的形象做成电脑图像影像，受到广泛关注。影像里雕像的头发和肤色、瞳孔、服饰都染上了红、橙、黄、绿、蓝、黑等多种颜色，神殿也是五彩缤纷的。

说实话，看惯了白色大理石雕像、主题公园的等身大人形，再看这些会让人觉得是和静谧的白色空间完全不同的世界、完全不同的文明。这般绚丽多彩，从根本上颠覆了至今为止人们相信的“白垩文明”的印象，带来了极大的冲击。

但是，这才是白垩文明真正的模样，如果从一开始就知道是这样，或许我们不会如此惊讶，因为印度教和中国藏传佛教的雕像和寺院都曾模仿古埃及文化的着色。在人工染色、很难见到漂亮颜色的时代，宗教为了体现建筑和雕像的神圣感，运用金银、宝石、颜料等制造出五彩斑斓的效果，震惊世人。想到这一点，就会觉得古希腊的建筑和雕刻并没有那么让人不可思议。

但是，到底是什么时候五彩斑斓的世界开始向白色世界转变呢？

这里有三个重要的人物，而且还有从希腊运送到大英博物馆收藏的“额尔金大理石雕刻”的一大丑闻。

事情的起源要追溯到18世纪，当时欧洲的庞贝遗址被发掘，其精彩绝伦令世界震惊。最初登场的人物是德国艺术史家约翰·约阿希姆·温克尔曼，他对当时的巴洛克和洛可可世界厌烦透顶，认为和女性特征的洛可可美术完全相反的（一种说法认为，他想让德意志从法国、意大利统领的世界观中独立出来）古希腊美术才是理想的状态。他著有《希腊美术模仿论》，认为应该学习“高贵的单

希腊雕塑

纯和静穆的伟大”，一跃成为时代的宠儿。

温克尔曼把色彩看作“对美的贡献”而“不是美本身”，因为“古希腊之白”才是体现理性的“正确之美”。这也令他很困惑，因为他知道希腊美术是受到埃及和西亚的影响而变得五彩斑斓的。（温克尔曼出生在穷苦的鞋匠家庭，大学毕业后做过家庭教师，也曾在图书馆工作，研究历史学和近代美术论。）

人有时候会无视一些对自己不利的东西。但是，毕达哥拉斯发现的“黄金比例”，不是从感性上而是从理性上进行调整的古希腊的“正确之美”。

不管怎样，温克尔曼的观点与当时以法国为中心流行起来的“白＝理想”的思想完全一致，后来逐渐传播到整个欧洲，也给许多知识分子带来了影响。

正如温克尔曼所想的那样，意大利和法国才真正继承了罗马文化。相对于欧洲传统观念，他给人们传输罗马效仿希腊、希腊文明才是源流的想法，而且这种想法作为其思想逐渐固定了下来。

第二个登场的人物是 19 世纪的英国外交官额尔金伯爵。他就是把帕特农神庙的雕刻群切割后带回家的人。之所以能这样做，据说是因为当时希腊的统治国奥斯曼帝国对遗迹不感兴趣，额尔金通过高额贿赂、花言巧语获得了许可。当然还有很多种说法，不过他利用其他名目将工作人员带进现场，夺走一半以上的遗迹是不争的事实，所以后来他被称作“掠夺者”。

也有人认为，额尔金在知道理想文明的见证——帕特农神庙已然荒废的情况下，想把原物（因为在当时不能简单地看作原物）带给自己的国民，这种“志向”驱使他耗尽毕生精力“保护”大理石群。

的确，额尔金的苦难历程足以拍成一部长篇电影了。一年后，额尔金作为大使任期期满归国之际，想要横穿与英国关系恶化的法国，结果被拿破仑逮捕并软禁了 3 年。回国后，由于他在法国被软禁而失去政府信任，丢了外交官一职。在此期间，运送他掠夺的遗迹的船只因暴风雨而沉没。之后，他为了寻找沉没的大理石群并将其运到国内，耗费了 10 年之久。为此，他花光了自己的财产和妻子的巨额陪嫁钱，还负债累累。额尔金的妻子对其厌恶至极，发生了婚外恋，对方是额尔金被软禁时给予他帮助的友人，结果闹到离婚仲裁的地步。

额尔金在负债累累的境遇下，在自己的宅邸展示大理石群，并免费向一般民众公开。但是，由于没有后续的维持费，且“掠夺者”的批判声日益高涨，最后他决定以低廉的价格将大理石群卖给大英博物馆。这就是大英博物馆展示品中最吸引人的“额尔金大理石雕刻”。

额尔金之所以憧憬希腊文明，是因为温克尔曼的学说流行于世间。与此同时，我们了解到包含他人生经历的大理石群究竟承载了多少历史。额尔金债台高筑，据说在他死后 30 年，后人才还清所有债务。

最后一位登场的是杜维恩男爵，他是 20 世纪初英国的铁腕画商，实际上也有他收购赝品的传闻。他在 17 岁的时候，就把目光集中到美国的大富豪身上。欧洲美术品的价值由杜维恩决定。他的顾客是铁道公司、银行、百货商店等的开创者，也就是洛克菲勒和摩根银行的董事长等大富豪。

杜维恩特别自信，也很有野心，所有的事情都按照他自己的想法去做，为此通常不择手段。同时，他还是个急性子，爱发脾气。他是大英博物馆的资助人，在 1937 年准备大理石群的新展示厅时，为了展现“人们期望的理想的白”，他向工作人员下达指令，让他们用药品和金刷子把大理石表面的残留颜色褪去。整个漂白作业花费了 15 个月的时间。据说他还不停地大声说：“再白些！再白些！”

这项作业给世界遗产带来了损害，而且是对历史的歪曲，意识到这一点的大英博物馆竟然选择隐瞒事实真相。当时也有新闻报道对此提出疑问，不过由于杜维恩死亡的影响，这件事最后也就不了了之了。

这个问题在 60 年后得以验证，大英博物馆承认了漂白行为和隐瞒行为，1999 年这成为全世界争相报道的丑闻。希腊从 19 世纪开始就要求返还大理石群，但一直遭到英国的拒绝，对此，希腊提到上述丑闻。大英博物馆方面则指出，在褪去颜色的时候大理石群已经受到风化，并不是像报道中所写的那样进行过度的“洗涤”。

尽管如此，说起 20 世纪 30 年代，整个世界的局势都很不稳定。第一次世界大战后，在英国，由于工业革命的发展，曾经很重要的殖民地和自治领地支配政治逐渐瓦解。在殖民地印度也发生“非暴力不合作”运动。由于各地的大规模抵抗，英国当局尝到了失败的味道，在世界大恐慌的风暴中，国民陷入政治经济的不安。在美国，奉行白人至上的三 K 党（Ku Klux Klan，缩写为 K.K.K.）开始走下坡路。

作为欧洲文明的源流，从大约 18 世纪开始就被认为是理想社会的古希腊文明，却被说成并非原创，而是继承了埃及和西亚文化的文明，这让欧洲人难以接受，也难以想象，因为这毕竟关系到他们的自尊心和身份认同。他们认为神圣的“白”才与欧洲文明的基石相匹配。

另外，希腊人允许自己国家的文明被长时间地“漂白”，实际上和国家的历史不无关系。

原本，古代地中海地区不同的文化和人种混杂在一起，由于战争发生了大规模的迁徙，地域和人种的结合变得缓慢。而且，古希腊的很多城市和国家后来被并入罗马，希腊人的身份认同也随之消失，只有土地被各种统治者（文化和宗教）所支配。

19 世纪，起义胜利的希腊进入王政时期时，成为国王的是拜恩王国（德意志）的奥托一世。古代的遗迹也因接二连三的战祸遭到破坏，被弃之不理。19 世纪德国的历史学家伐尔麦耶曾说，现在希腊人的“血液里没有一滴古希腊人的血”。

恐怕意识到自己的国家认同的希腊人，也和其他欧洲人有相同的感受，认为“欧洲文明”的起源——“理想的古希腊”应该是“白垩文明”，而“白”就变得很重要。

就这样，希腊文明被再度确认为“非白”之前，在此背景下出现了跨越几个世纪的故事。而且，既然牵涉西洋的自尊心和身份认同的问题（因为在某种意义上，西洋文明等同于现代文明），那么也会给希腊国家和希腊人的身份认同带来影响，因此可以说是重大问题。

进一步来说，还有其他很多问题。像拿破仑从埃及带回的“罗塞塔石碑”等，像掠夺一样从当地运出的文化遗产，到底谁才是所有者？应该保存在何处？又如何进行管理？这些是从 20 世纪后半期开始讨论的“人类文化遗产的管理”问题，但寻找答案并非易事。

以颜色为契机，能够看到世界上的各种问题和状况，也可以说是一种妙趣。真想看看历尽波折的“额尔金大理石雕刻”啊！

美丽的灰色世界

灰色总是缠绕着阴沉的感觉，比如阴沉的天空、燃烧后残留的灰烬、水泥、沥青等。灰色是代表混浊的颜色，充满了忧郁、不安、悲伤、污浊、优柔寡断和消极的印象。其实灰色中也蕴含着很多积极的方面，比如不会给人强烈的压力感、能给人一种不被侵袭的安心感，以及平静、谨慎、优雅的感觉。在日本的时尚界，灰色是近年来的基本色。

灰色给人的感觉是包裹着晴朗天空的灰色的云，以及燃烧后形态皆无的丧失感。另外，在古埃及和古希腊，作为悲伤的表现，据说有在头上撒灰、在灰里打滚的习俗，所以说古人对灰色也有相似的感受吧！

但是，给旱季带来降雨的信号也是阴天的灰色。就像日本经典童话《开花爷爷》中所讲的那样，有灵力的东西即便化为灰烬也拥有让花绽放的力量。灰色既不是白（光）也不是黑（暗），是像雾一样伫立于光明和黑暗之间的中庸之色。

在日本的色彩史上，灰色也曾有被疏远的时代。在古代，灰色属于被称作“钝色”的一种墨色。灰色不受待见，可能与橡子、烟黑等染料随处可见、价值较低有关吧！灰色和黑色一起被当作丧色和出家的颜色。但是，后来黑色产生了价值，地位得以提升。到了平安时代末期，仅仅提到钝色的色名就代表不吉，所以形成了不说名字、只将其作为“颜色”的惯例。灰色真是太可怜了！

原以为这就是灰色的命运，但令人意外的是，到了镰仓时代、室町时代，与禅宗一起传播的水墨画以及幕府政治推崇的简单朴素，使素雅的灰色体现出独特的价值。惟妙惟肖、妙趣横生的灰色具有“焦、浓、重、淡、清”的特点，被称为“墨分五色”。“寂”的感性构成了日本审美意识的基础。

《破墨山水图》（局部）雪舟

灰色最活跃的时期是在下达奢侈禁令的江户时代。当时，稍微有点黯淡的颜色都叫作灰色、鼠色。人们为了巧妙地避免问责，最后出现了“四十八茶百鼠”，产生了各种茶色、灰色和鼠色。

另外，正如民间所说“火灾和吵架是江户的特色”，江户是火灾多发地。据说灰色的通称带有与火灾相关的意象，所以在这个时代产生了“鼠色”这一名称。

在江户时期的浮世绘中，各种灰色用于靓丽的颜色之间作为点缀，以我们现在的眼光来看也觉得既纯粹又漂亮。如果用现代的颜色相对照，相当于灰粉色、烟灰色、软石色等柔和色调的颜色。

例如，像灰粉色那样的“灰樱”、日本茶那样素雅的绿灰色“利休鼠”，像隔着玻璃看到的淡紫色那样的“藤鼠”等。不得不说反抗幕府压制的江户平民对色彩的感觉也是极富魅力的。

的确，对这些颜色的命名也非常重要。美国某零售企业，曾经因为把普通尺码的连衣裙标成“dark heather gray（深灰色）”，而把大尺码的相同商品标记成“manatee gray（青灰色）”，引起了很大的轰动。说起“manatee”，那是一种比海豹更加矮胖、脸又短又宽的海洋生物——海牛。虽然矮胖给人一种可爱的感觉，但是在这样的场合却让人感觉到恶意，当然会引起人们的抗议了。因为颜色的名字也会引起人们的联想。

说到生活中的颜色，几乎不可能只存在某一种颜色。有不同的配色，与其他颜色并存，才是颜色应有的状态。而且，如果素材不同，感觉也会完全不同。印刷到一张纸上的灰色或许很一般，但如果是在美丽晚霞映照的天空，在光线中渐渐变化的灰色的云彩，那种美丽的景象会让人如痴如醉。

灰色谨慎、节制的特征，使得它成为突显其他颜色的名配角。例如，时尚界所说的“分离色”，就是像使用皮带一样，在颜色与颜色之间穿插一点其他颜色，使两侧的颜色保持平衡，从而看上去更加漂亮的一种技法。

比如在淡蓝色和淡紫色那样差别较小的颜色之间加入灰色，就会给人一种温馨的时尚感；如果加在紫色和红色那样个性冲突的颜色之间，则会充分发挥各种颜色的个性，同时添加柔和感，形成新的配色。同样的方法如果用在白色和黑色上，则会产生有张有弛的强烈对比。灰色不突出的个性，与周围的颜色完美地融合在一起，从而营造出高雅的感觉。

仔细地观察我们周围，就会发现灰色（鼠色）的使用相当广泛，但平时我们不太在意。如果所有的颜色都强调个性，那么对观看者而言就是持续不断的压力，那该多累啊！正因为有灰色温柔地包容这些个性张扬的颜色，世界才能保持均衡。

黑暗之力、不动之心

如果说白色是光的象征，代表着光明，那么黑色就是黑暗的象征，代表着漆黑的夜色。对于昼行性动物的人类来说，从太古时期开始，夜晚的黑暗就是与死亡毗邻的世界，代表着恐怖、不吉、邪恶、威慑、绝望、悲伤、死亡等消极意象。在日常生活中，人们经常会使用“黑色企业”“那家伙很腹黑”之类的表达。

但是，黑暗与沉重的感觉相连，从中产生厚重感，进而发展为高级感。另外，黑色具有的强大使之向积极方面反转，产生了帅、酷、时髦等意象。在日本的时尚界，黑色是稳定的基本色。在“酷”这种意义上，黑色是对成年人、社会、现状表示反抗心的颜色（比如 20 世纪 70 年代的朋克），可以说在青少年时期这是充满魅力的常见色。

经常会有人说穿着黑色的衣服感觉很安全，这是因为身上裹着这种颜色所蕴含的强大力量，就如同穿着铠甲一样，可以守护身体（实际上是内心），抵御外界的不安，这是无意识创造出的意象。所以说，黑色带有的绝对的强大，会变成我们最能依靠的存在。

实际上，黑色的衣服在吸光发热的同时，最容易吸收的是对人体有害的紫外线。也就是说，黑色衣服会使紫外线不容易到达皮肤层。据说在炎热的沙漠地带，阿拉伯的女性身穿黑色的民族服装，是因为她们知道虽然很热但可以起到遮挡紫外线的效果。黑色真可谓人类的守护色啊！

黑色在消极方面的反转也见于宗教中。白色在绝大多数的宗教中都与光、神圣、清净相关。与之相对，黑色在基督教中被看作恶魔和地狱之色，但同时其质朴又能表现上帝要求的谦虚，以及抛弃虚荣心、有节制的态度，是与修道士相称的颜色。

在日本，僧人的法衣颜色也是黑色的。黑色是最暗的、不受其他颜色影响的坚定之色，象征着皈依佛门毫不动摇的信念。

白色代表着在神前祛除污秽的清净状态，而黑色代表着与坚定的信念相联结的毫不动摇的精神。黑白处于两极，都是绝对性的象征，二者也互为补充，所以如果没有其一，彼此就无法存在。也就是说，有了黑和白才能产生真正的完美。

道教的阴阳勾玉将这一点体现得淋漓尽致。用白和黑象征性地表现森罗万象。这种想法和古希腊哲学家亚里士多德所说的“所有的颜色都产生于光和暗、白和黑”是相通的。对于人类来说，或许可以说这是共通的感觉。

日语中“黑”这个词是与“暗”“暮”相通的同义词，不过也有观点认为它源自意为河底之土的“涅”。另外，“玄人”是相对于“素人”（白人的转换语，白是不掺杂任何东西的刚诞生的状态，以及尚未染上任何颜色的素的状态，与经验尚浅的意思相通）产生的词。“玄”是“黑”的意思，一种说法是它比黑更暗，几乎到了看不见的程度。

有学者认为，“玄”是中国老庄思想的根本内容，是万物的根本。从某种意义来说，这是宇宙的起源，是所有神话中出现的“存在以前”的“无”的状态，所以如此深奥。而且，想要出现光明，必须有黑暗，所以黑（玄）的确可以说是表现初始世界的颜色。

在阴阳五行中，黑代表北方，在季节上表示冬天。黑代表的北方是“玄武”这种神兽的位置。龟和蛇合体的玄武，也被画在日本奈良县明日香村的龟虎古坟的石室中。

古埃及人把自己国家称作“Kemet”，而非埃及，这是因尼罗河泛滥而形成的丰富的“黑土”之意。据说他们还自称黑人、黑土地的人。对于他们来说，黑色是孕育植物、带来丰收的颜色，是意味着生命力的再生之色。在古埃及神话中引导并守护死者灵魂的阿努比斯（以胡狼头、人身的形象出现在法老的壁画中）也是用黑色描绘的。

另外，在印度，黑色基本上代表着不净之色，是不幸、恐怖和死亡之色，但死与生是相连的，印度教三大主神之一的毁灭之神——湿婆就是用黑色（实际上是青黑色）描绘的。另外，湿婆的妻子迦梨也是黑色的皮肤，她手持刚砍下的人头，踩着倒下的湿婆，是代表杀戮和破坏的女神，但同时她也是美丽温柔的妻子（雪山女神）的化身。这里也出现了两极分化，可以看到发生变化的黑色。

作为全世界最基本的一个颜色组成部分，黑色给人带来的似乎是恐怖和憧憬交错的复杂感觉。

了解黑色之美

自古以来，黑色是人们用身边的材料就可以印染的颜色。初期使用的是泥，不久后就出现了“柴染”，即用栗子树和栎树的树皮，以及橡子等印染的橡黑。另外，在奈良时代传入了用浓厚的美丽颜色印染的槟榔树的黑，还有在染黑牙时用到的五倍子。黑色就是用这些带有丹宁成分的天然染料染制而成的。另外，这些植物也可以用作茶色系的染料。

虽然是黑色，但其感觉根据颜色的状态而定。刚开始只能染出颜色较浅的黑色，看着脏兮兮的，就像是污渍，这在全世界都是卑贱的颜色。到了能够将黑色染得更深、更有光泽的时候，在这种技术产生的时代和地区，人们喜欢这种黑暗的极致、黑色的厚重之美，于是黑色慢慢变成高贵的颜色。由于技术的革新，人们制作出的颜色也会刷新“颜色的意义”，创造出新的历史。

另外，壁画和漆器使用的颜料有黑土、黑曜石等石头，以及木炭、烟黑等天然的黑色材料。在日本的绳文时代，虽然红漆器最为发达，不过当时已经制作出黑漆器，色泽鲜艳的红漆和黑漆都是特别之物。

用污渍般的浅黑色染的布和用厚重且较深的黑色——烟黑和漆黑染的布，从它们的状态差别来看，即便是同一种颜色，由于浓度、光泽度、素材感不同，其感觉也有着天壤之别，所以黑色的意义发生变化也就可想而知了。

在日本，黑色中不能忘记的是“墨”。在公元前的中国殷商时代就出现了用墨书写的木简，由此可知，很久以前人们就开始使用墨了。据说墨传入日本是在推古天皇时代，是由僧人传来的。

墨的原料是烟黑和骨胶。燃烧松枝和树脂产生松烟，菜籽油和芝麻油等燃烧后产生油烟，用骨胶将这些烟黑凝固后就形成了墨。为了消除骨胶的气味，还会使用一种叫作“幽香”的气味较淡的香料，这种香气会使人精神放松，尽显优雅，所以受到人们的喜爱。香气也逐渐变成了墨的特征。的确，以前从未有带香气的颜料，所以这可以说是独特的构思。白檀、龙脑、梅花、麝香等古典的芳香，对于现代的我们来说也有恢复元气、放松身心的作用。

在艺术疗法中，有时候会用墨来替代颜料。刚开始或许会联想到书法，也有的孩子用来写字，慢慢地开始用墨自由绘画，这和五颜六色的颜料不同，会让人感觉时间在缓慢地流淌。这是不是黑色和香气的功效呢?

成年人想转换心情，或者是感觉有必要放松身心平静下来的时候使用墨，也会起到一定的效果。虽然墨汁也可以，但研墨的过程本身就很安静，这可以让心情变得更加从容。

墨的色彩浓度和光泽是很重要的。在10世纪左右的中国，墨匠们为如何制作出光泽美丽的墨煞费苦心，他们精心地把珍珠和玉磨成粉末并将其混合在一起，制造出像“光泽漆一样”的墨，这样的墨匠在制墨界也算是名人了。据说这样的技术是墨匠各自的秘传。

根据原料的不同，燃烧后获得的粒子也不同，从而会出现赤系、茶系、紫绀系、青系等颜色的差别。你有没有见过墨的表面浮现的栩栩如生的龙、鸟和水墨画般的风景、植物、文字等各式各样美丽的图案？因为用骨胶和烟黑熬炼的墨很柔软，将其放入木制雕刻的墨具中，就能制作出各种形状。我也见过像艺术品一样的墨，不过据说传承这门传统技艺的墨匠世家已经衰落了，真是太可惜了！

说起墨，除了书法还有水墨画。在镰仓时代与禅宗一起传入日本的水墨画，原本是用来传递禅的思想。虽然同为佛教，但不像曼陀罗那样绘有彩色，而是用白和黑的浓淡来表现世界，其中的“精神性”在武士阶级得势之时带给其很大的触动。

如果这样写，或许会让人觉得陈旧无趣，但是从水墨画的“渗色、晕染、擦笔”等技法中，我们能有一些不可思议的体会，比如感受到超越时代的作者的气息，在没有色彩的单调中感受到色彩，等等。我觉得幽玄清净的世界是现代人需要的。

如果这样你还觉得无趣，那么先看看安土桃山时代的代表性画师长谷川等伯的金碧画（在金箔等上面作画），即国宝《枫图》，品味其华丽生动的世界，然后欣赏素雅的《松林图屏风》，或许就会觉得妙趣横生。

虽然是同一位画师的作品，《枫图》华丽又细腻，其高超的设计感在今天看来仍具有压倒性的美，与之相对，《松林图屏风》则展现出静谧的世界，被称为日本的代表性杰作。该作品没有画轮廓，只凭墨的浓淡和画师的运笔力量完成。

《松林图屏风》 长谷川等伯

虽然长谷川等伯是根据订购人的要求来作画，但其出发点是佛画。也许是出于这个原因，我们能从其中感受到深奥的佛教世界观。即便没有这样的精神特质，如果自己走进画中的风景，像仙人一样体会与空气融合的感觉，镇静效果应该也是出类拔萃的吧？

这样看来，对与黑暗密切相关的黑色的恐惧心和紧张感，由于人们创造出的“颜色的黑”而变得寻常，我们会发现在不知不觉中黑色产生了不同的意象。恐怖变成对强大的憧憬，黑暗则逐渐与厚重的稳定感、高级感及宗教感觉联结在一起。

在原始时代，人们由于惧怕夜行性肉食动物而害怕夜晚的降临，而现在，这已经是过去式了。完全的黑夜也已消失，在房顶下裹着被子陷入沉思的夜晚时间，总让人觉得既忧郁又温柔，让人不由得沉浸在黑夜的美妙遐想中。当然，这是“安全的黑夜”才有的美妙。

在《万叶集》中有一个词语是“ぬばたま”，是黑、夜、黑发等的枕词。有观点认为“ぬぼたま”是射干这种植物的黑色果实，也有人从“ぬぼたま”可以写成“黑玉、乌玉”的角度入手，认为其像是珍珠的“白玉”一样，“ぬぼ”不是果实，而是泥，表示的是泥的黑度。

“ぬばたまの 夜渡る月を 幾夜経と 数みつつ妹は 吾待つらむぞ（看着夜空中的明月，数着过了多少个夜晚，我思念的女子是不是在等我呢）。”——大伴家持

“ぬばたまの 妹が黒髪 今夜もか 我がなき床に なびけて寝らむ（黑发披肩的可爱女子，今夜也在没有我的床上，独自憔悴而眠）。”——作者不详

以上两首和歌中“ぬぼたま”是夜晚和黑发的枕词，无论哪首都传递了夜的宁静和思念之情。夜晚的黑暗是浪漫的，这是现在人们的共识。可见，时代的变迁赋予了黑色新的意义。

好的颜色与坏的颜色

本来，颜色中并不存在好的和坏的“价值与评价”。对于动物来说，颜色只不过是信息的一种，对于人来说，应该也是一样的。

尽管如此，纵观人类和颜色的历史，就会发现的确存在“好的颜色”与“坏的颜色”。浮现在我们脑海中的代表性颜色还是白色和黑色吧！当然，白色是好的颜色，黑色是坏的颜色。

生物为了维持生命，会本能地远离危险，而对有用的东西会产生某种亲近感，所以在夜间无法发挥视觉功能的昼行性动物，喜欢光明，警惕黑暗，这也是理所当然的。如果变换成颜色，光明是白色，黑暗是黑色。当然，光明和黑暗并不代表白色和黑色的全部，但是在这样的背景下，我想的确会产生“对光明（白色）的憧憬”和“对黑暗（黑色）的紧张感（恐惧）”。

但是，随着进化和发展，人类的思考在融入身体对光明和黑暗的感觉时加上了理性的解释，这样一来，事情就变得复杂了。

即对于昼行性的生物来说，产生了代表光明的“白色是好的”、代表黑暗的“黑色是坏的”的印象，然后在故事中加上知性的解释，就变成了好的理由是“神圣的神之色”，坏的理由是“邪恶的恶之色”。如此一来，人通过知性为颜色创造出故事和价值。

要说这种颜色的评价有什么问题，那就是在根本上存在作为生物的反应。因此“故事”在感性中与惊险纠缠在一起，结果在社会上产生“异样的”但有“影响力”的感情。

就像在“白色”那部分内容中所写的，从“外表”上“清楚地夸示”统治阶级和劳动阶级这种上下级关系的就是白（亮的、淡的）皮肤。在古代，无论黑皮肤、白皮肤，或是其他什么颜色，在太阳下一直劳动的人的皮肤，和优雅地在阴凉处休息的人的皮肤颜色显然是不一样的，拥有“更亮的”皮肤的是统治阶级，是富人的标志。于是，白色就与“向往”、黑色就与“卑微”联系在一起。

经过漫长的岁月，对颜色的毫无根据的评价对现代社会产生了怎样的影响呢?

例如，在印度甚至出现因为“新娘”的“肤色太黑”而将其烧死的可怕新闻。或许有人怀疑有其他原因，但是2009年发起的“dark is beautiful（黑就是美）”运动，向全世界宣告印度确实存在这样的社会问题。印度和日本一样，有巨大的“美白化妆品”市场，远远超过600亿日元。印度本来就存在根深蒂固的种姓制度，年轻女性对皮肤颜色是暗沉还是明亮的烦恼，已经不是美容层面的问题，而是人生的重点，是有关结婚和就业的严重问题。

另外，来自非洲塞内加尔的女模特柯迪亚·迪奥普，现在以黑皮肤活跃于国际舞台。她说因为肤色，她曾在小时候饱受欺凌。她在一个以拥有不同肤色而自豪且相互认可的活动中脱颖而出，被称为“The Colored Girl（黑色素女神）”，受到人们的关注。大概有很多人知道这个话题吧？非洲一些地方也想向“西方的审美标准”靠近，很多女性与其说是在美白，倒不如说是在“漂白”，她们为了让皮肤变白，甚至尝试有风险的方法。这在“自我否定”的心理方面也是一个问题。

不可否认的是，出现这种情况的背景之一就是“白色是好的，黑色是坏的”这种幻想。这不仅仅发生在一个民族中，人种问题自古以来就产生了很多悲惨的历史。进化和社会构造的习惯、维持优越性的欲求等，所有原因混杂在一起产生的“对颜色的评价”，现在已经蔓延到全世界。我觉得我们好像陷入了“思考”的陷阱。之所以这么说，是因为“光”通过思考已经失去了其本来的意义。

黑色的天鹅绒、艳丽的黑色陶器、漆黑的漆器，无论哪个都非常美丽，这是神奇的“光芒”孕育出的美丽。查看“光芒”这个词的意思，自然会出现“耀眼的光”。虽然与光相关，但这并不是白色带给人的感觉，而是光本身的感觉。不知何时，我们把光固定理解为“白”这种颜色，但其实光就是光，是透明的光辉，而不是白色。

但是，或许因为在我们的意识中已经把光固化为白色，所以白色如果是好的，那么与它相反的颜色黑色就会沦为坏的角色。这种根据人的思考得出的对颜色的认知，在当今世界甚至对关系到自尊心和偏见的“皮肤颜色”产生了影响。可以说，这是非常重大又复杂的问题。

我们要时常停住脚步，重新审视现在自己相信的东西，然后继续前行。不然，我们可能会陷入奇怪的迷宫而迷失方向。答案必须由我们自己去探索，关于颜色的言论也是如此，我们必须多加注意。

色彩之名出现之时

“颜色一共有多少种呢？”一个小学三年级的孩子看着颜料盒问的这个问题，难倒了他的母亲。如果是幼儿园的孩子，回答他“有很多种”就完事了，但是对于处在求知欲旺盛期的孩子，不能随便打发他的问题，必须认真对待。不过，事实上到底有多少种颜色呢？

答案是“人类能够识别的数量”。据说人们能够识别的颜色数量有1000万种，也有的说是2000万种。真是惊人的数量啊！

为了区分数量众多的颜色，使用起来更方便，人们费尽心思给颜色命名，创建体系化的系统。在设计界、制造界等领域，有一些根据颜色的性质构建的实用的国际规格（例如孟塞尔颜色系统）。为了能够让计算机严密地管理工作中使用的颜色，颜色在物理上被准确地数字化了。

但是，对于一般人来说，最简单的莫过于直接给颜色命名。这是人类为了共享信息而创造出的智慧。因此，全世界的文化圈都存在各自的“颜色的名称”。

例如，“白（white）”在德语中用“Weiβ”表示，法语是“blanc”，汉语是“白”。“黑（black）”的德语是“schwarze”，法语是“noir”，汉语是“黑”。虽然语言不同，但是对颜色进行分类、命名，好像是相同的，这还是让人有点不可思议。那么，可以说人们对颜色的识别、命名和使用都是一样的吗？

举个例子，就像在“紫色”一章中所说的，对于日本人来说，紫色指的是比红色看上去更像深粉色、红紫色的颜色，在欧美紫色则属于红色系。还有，日本人分为黄色系和黄绿色系，在美国很多人是整体上作为绿色系来分类的。由于文化和个人的原因，如何给颜色命名还是多多少少存在差异的。

表示某种色系的颜色的名称，也就是“色名”，严格来说也分为几种。

颜料盒中的“红色”“黄色”“绿色”这些色名被称为“基本颜色词”和“基本色名”。与之相对，“银鼠色”“银灰色”等叫作“固有色名”，是仿照我们身边存在的事物产生的颜色名称。从感情到代表时代的色名有很多种，其中广泛使用的色名叫作“惯用色名”。从古代就开始使用的被称为“传统色名”。我们每天都在使用包括日语和外来语在内的这些色名，但没有意识到它们的由来。

就像流行色，就算是相似的颜色也会有新的名字，所以色名的数量变得日益庞大。而且，颜色的名字还可以随意创造，只不过不会流通起来。总之，色名的数量的确数不胜数。

令人感兴趣的是有关色名的论文曾指出，虽然文化不同，但基本的名称却是相同的，说明人类具有共通的感觉。最有名的是 1969 年伯林（B.Berlin）和凯（P.Kay）发表的《基本颜色词：普遍性与进化论研究》。这个研究通过对世界 98 个民族语言中的颜色词进行调查，展示了色名是如何产生、如何进化的模型。

从语言学和文化人类学的观点来看，虽然是在没有任何关联的情况下成立的语言关系，但是在各语言中都有能够互相翻译的色名。像“手”“脚”这类实际存在的事物产生共有的色名是可以理解的，但是在各自界限模糊不清的颜色世界，可以翻译的颜色和语言之间的关系为什么能够成立呢？这令人不可思议。根据这篇论文可知，色名有产生的顺序，基本色的数量也大致相同。

在所有的语言中都有“白色”和“黑色”，这是第一阶段。如果语言中有三种色名，就是“白色”“黑色”“红色”，这是第二阶段。各种语言一定是以这样的方式开始，然后“绿色”“黄色”“蓝色”等被分离出来，一共产生十一种基本颜色词（即色名），分为七个阶段。

是不是很有趣？这是不是说人类只要有“白、黑、红、黄、绿、蓝、棕、紫、粉、橙、灰”这十一种色名就基本上够用了呢？

只是，关于颜色的产生顺序和色名存在争议。在此基础上，2009 年又发表了叫作《世界颜色调查》的“颜色词的进化修正案”，我个人非常赞同这个修正案。

最终的定论是基本颜色词一共有六种，即“白、红、黄、绿、蓝、黑”，共分五个阶段。也就是说，之前的研究中出现的“橙、棕、粉、紫、灰”五种颜色，被认为会受到文化等方面的影响。

这个结论让我想起了一个有趣的实验，即 1985 年科学家松泽哲郎教授和天才黑猩猩小爱的实验。教授让小爱理解了十一种颜色之后，再让它看各种各样的颜色，观察它会判断某颜色属于哪个色系。与此同时，这个实验也在人身上进行。

那么，结果如何呢？小爱和被测试者都对颜色进行了相同的分类。真是太神奇了！也就是说，不只是那些容易分辨的颜色，即便是受到亮度、污浊等影响的颜色也是一样的，可见这种对颜色进行分类的感觉尺度（当然也存在个体差异、文化差异）是与生俱来的能力，大概可以追溯到很久以前。因此，前面所说的“基本颜色词”是成立的。

这么说来，2016 年杨嘉乐先生的研究团队在实验中证明，即便是不会说话的幼儿也能区分绿色和蓝色。也有观点认为，虽然我们的思维和感受在很大程度上受到语言的影响（沃尔夫假说），但是不懂语言却能区分绿色和蓝色，这也证明对颜色的差异进行判断是人与生俱来的感觉。或许把黑猩猩和婴儿放在一起很失礼，但是在思考人类和颜色的关系时，这两个实验的确非常有趣。

这些是顺便提到的内容，接下来还是回归正题吧！

前面说到的“颜色词的进化修正案”的第一阶段，仍然分为两组，即“白 / 红 / 黄”组和“黑 / 绿 / 蓝”组。与之前的研究相比，它认为颜色词诞生时并不仅仅是白、黑这样的明暗分类，其中还添加了色彩要素。此时把颜色分为“红 / 黄”和“绿 / 蓝”两组，我认为倒不如将其分为“红”和“红以外”显得更精练。

这是因为除了白、黑这种明暗分类之外，红色是对于人类的进化最有意义的颜色，因此首先是“红色”。与红色相近的橙色和黄色，其界限模糊不清，这一点看火焰就会一清二楚。从颜色的历史来看，“光”经常是由白色和黄色共同组成。在日语中处于光线照射状态的“明”，不是“白色”而是“红色”的同义词，由此可见这一组的构成没有问题。所以，简单来说可以分为“重要的红色和红色以外的颜色”，这样就一目了然了。

另外，黑色、绿色和蓝色的关系，在我们的文化中也保留了很多。

例如“绿色的黑发”，这种表达显示了绿色和黑色的关联，也有像蓝信号这样把绿色和蓝色当成同一种颜色来使用的情况。此外，阿伊努人很喜欢蓝色，这是因为他们把蓝色当成黑色的变化。这种对颜色的理解方式，在其他文化圈中也有相似之处。

粗略地看来，古代的颜色分类有共通的历史，即身边没有带有强大灵力的颜色时，往往会用相似的颜色来代替使用。再加上天然的染料和颜料在颜色的显色上不太稳定，因此分类上不拘小节，这样使用起来反而更加方便。

通过慎重地观察颜色的古代史，会发现对于人们来说重要的“是亮还是暗（不鲜明）”，以及“是红色还是红色以外的颜色”。也就是说，这在人类的感觉中是最重要的颜色特征。因此，2009 年新的颜色词的进化模型竟然真的变成了这样，在令人惊讶的同时也更加印证了这一观点。除了历史，在孩子和成人画作的颜色中，共同的意象表现就是“是亮还是暗（不鲜明）”，以及颜色上“是红色还是红色以外的颜色”。

正如序章中所写的，颜色并没有普遍的意象，但是无论在谁的画中，红色都代表着某种强烈的感情，暖色系代表着轻快和柔和，冷色系倾向于表达消极的情感，这些是一般性的认知。在此基础上加上每种颜色的独特性要素和其他要素构成惯用语，或者加上社会符号、个人经历，就可以看出颜色和表现之间的关系。

“色彩心理”这个词在世上过于独行，所以我不由得就想说些严密的内容。虽说如此，对颜色进行分类是人类与生俱来的能力，即使很轻微，即使转眼间就会因其他影响而消失不见，其他颜色也可能会发出提示信息。什么时候人的心理和颜色的关系能够更加清晰明了呢？人类啊，请继续进行探索之旅吧！

染黑齿的奇怪世界

用白粉和口红修饰的白色肌肤和红色嘴唇，其中的白色和红色是自古以来在世界各地都会见到的妆容颜色。但除此之外，在日本还有独特的传统化妆术。是的，那就是“染黑齿”。

作为黑色妆容，长期扎根于日本的是染黑齿。虽然现代人会觉得这很怪异，但据说日本在很久以前就已经有这种习惯了。从绳文时代后期开始，在人骨上好像就有染黑齿的迹象，而且《魏志·倭人传》中也记载了染黑齿的人。但是，在绳文时代，拔牙是主流，所以也有研究者对染黑齿出现的时期提出疑问。虽然觉得很意外，但据说飞鸟时代的圣德太子就是白粉配黑齿的妆容。

染黑齿作为女性的化妆法明确出现是在平安时代。这个时期日本的新文化蓬勃发展。拔掉自然生长的眉毛，在额头上端轻轻画上眉毛，再把牙齿染黑，如此妆容的女性看起来既文雅又美丽。这样的描述曾出现在《源氏物语》等作品中。

高眉和黑齿是相搭配的，这在当时是女子的成人礼，高贵的女子从 10 岁左右就开始这样打扮了。我忍不住想象，或许是因为拔牙伴随着太多的疼痛和危险，所以演变成女子“涂黑”牙齿就行了。

平安时代后期，公卿贵族也开始尝试白粉、口红、殿上眉（高

《源氏物语绘卷》(局部)

眉）和黑齿这样的妆容，这在前面的“白色”章节中已经提及。这种妆容的进一步流行，据说始于平家一族产生与贵族同等的意识。但是，作为身份象征的妆容，其含义在平家没落以后渐渐发生变化，这也正是武士的有趣之处。

到了室町时代，经常与死亡相伴的身份较高的平氏武将，为了在遭受敌人袭击时不至于因衣着散乱而尴尬，平时就很注意仪表整洁。他们还考虑到战场上的斩首，重要的不仅仅是铠甲和头盔，即便是被砍掉的头颅也要保持和身份相符的状态，所以他们施白粉、染黑齿。这里所说的妆容是对强烈的生与死的审美意识。这个时代的士兵们想要获得更多的褒奖，割下看起来身份尊贵的敌人的首级是很重要的。他们要带着敌人的首级去“首实检”进行判定，有时候甚至需要给未化妆的头颅化妆后再带过去。

这种带有武士觉悟的妆容，是无常和身份的象征，对女性的妆容也产生了影响。这和武家女性注重仪表的礼法紧密相关，成为一种仪礼行为。

据说当时连将军家的男子在元服（成人礼）前也会举行染黑齿和画高眉的仪式。据流传下来的资料记载，女子的染黑齿和画高眉也随之仪式化了，成为一种礼法，一般在 9 岁时染黑齿，15 岁左右画高眉。

但是，地位低的人一直与化妆、染黑齿无缘。近千年来一直保持着一口洁白的牙齿，但这是下层阶级的标志。如此一来，这种看上去引人注目的黑齿妆容成了一目了然的身份证明。平民羡慕的心情或许就慢慢转变成认为黑齿很美的感觉了。

黑齿文化在战国时代作为武士妆容和女性礼法被延续下来。在和平的江户时代，武家女性自身的妆容也普及到庶民阶层，但是黑齿不再是高贵的象征，而是变成女性的年龄和立场的标志。

“标志”指的是眉和齿的黑色妆容组合。眉毛未剃、白色牙齿代表着未婚，眉毛未剃、黑色牙齿代表着已婚，而剃眉、黑齿则代表着已婚已育，多么简单明了！另外，虽说当时的结婚适龄期是15~18岁，不过女性到了19岁左右即使未婚，也会自己把牙齿染黑。古往今来，女人的心思都是难以捉摸的。顺便说一下，江户后期的年轻男性商人，会把眉毛修成又细又稀的“癞眉”，在澡堂使用浮石拼命处理腿毛和身体其他部位的汗毛。

即便到了江户时代晚期，女性和天皇家及公家的男性还保留着染黑齿的习惯。据史料记载，即位前的明治天皇的妆容是白面、红颊、黑齿。这样的习惯随着近代化、西洋化的发展逐渐销声匿迹。1870年，日本政府对公家下达了黑齿禁止令，黑齿文化就这样画上了句号。据说直到大正时代还有女性庶民在染黑齿，不过这只是将其作为奇异的化妆法。现在即使在时代剧里也不再出现黑齿了吧！

江户时代的妆容整体来说是淡妆，只要黑齿的颜色是乌黑的即可。据说一瞬间瞥见的黑齿会让人觉得更有女性魅力。如果想要了解这种女性魅力，我个人推荐浮世绘大师月冈芳年在晚年创作的美

《风俗三十二相》(局部)月冈芳年

人画。他被称为江户后期到明治时期最后的巨匠。芳年画的女性既美丽又性感，看完之后或许多多少少能理解这种黑齿的娇媚。就我个人来看，芳年的实力在妖怪绘和武者绘方面得到了最大的发挥，不过遗憾的是，或许大众并不接受这一观点。

以上对黑齿的历史做了大致的介绍，那么，这种黑色是如何制作的呢?

据说在古代最开始的时候是通过咀嚼植物的果实来染黑牙齿。黑齿也可以写成“铁浆”，这是因为后来用五倍子（寄生在盐肤木上的虫瘿干燥而成）粉和铁来染黑齿。由铁构成的铁浆水加入醋后再进行发酵，所以很费功夫，而且带有强烈的腥气。染黑齿真的是很不容易啊！不过染黑齿唯一的好处是可以预防蛀牙，这一点对于古人来说也是值得庆幸的吧！

关于黑齿的起源并不是很清楚。由于在中国的化妆术中没有这一习惯（中国地大物博，据说在部分少数民族中也有染黑齿的风俗），于是出现了“日本特有的习俗”“从东南亚传入”等各种说法。在亚洲和非洲的部分地区有把牙齿染黑、染红的风俗习惯，一般来说，从印度到日本方向的地方染黑齿，从印度到非洲一带则染红齿。

染牙齿的理由也没有定论，有身份说，即牙齿染上颜色是富裕的象征，以及单纯的嗜好品说，还有能增加女性魅力的美人说，等等。

和黑暗中浮现的涂白粉的脸一样，剃眉和黑齿也是产生不可思议的表情的技法。怎么做才能使女人的神秘感更加突出呢？强调女性的嘴被认为是有效的方法。用黑色遮住白色的牙齿，这样会很醒目，也会让红唇更引人注目。将这些混合在一起日益熟悉之后，或许就会因憧憬和性感而感受到美。总之，关于染黑齿的原因，人们还没有完全弄清楚。

关于染黑齿的意义，还是要说日本，因为和其他国家有很大的区别。前面说过，武士讲究化妆的其中一个原因是对死亡美的意识，在有些地区，染黑齿和佛门的黑袈裟具有相近的意义。

黑袈裟代表不被世俗所染，皈依佛门的不动之心，表达了对信仰的虔诚。与此类似，小田原北条氏武士染黑齿，被看作表达对主君绝对忠诚的行为。江户时代已婚女性染黑齿，表达的是即使丈夫去世也不会再嫁的贞淑女性的态度。

日本人竟然给染黑齿赋予了如此坚定的决心，古人的精神真是令人钦佩！虽然是小小的染黑齿行为，但不容小觑。这是黑色威力的恩赐吗？

北京市版权局著作权合同登记号　图字：01-2018-3841

原著名称：色は語る 色彩と心理の不思議な関係を読む
原作者：山脇惠子

图书在版编目（CIP）数据

色彩的告白：解读色彩和心理的奇妙关系 /（日）山胁惠子著；李凤娟译 . —北京：中国法制出版社，2020.7
ISBN 978-7-5216-1124-3

Ⅰ. ①色…　Ⅱ. ①山…　②李…　Ⅲ. ①色彩学－艺术心理学
Ⅳ. ① J063-05

中国版本图书馆 CIP 数据核字（2020）第 089225 号

策划编辑：孙璐璐（cindysun321@126.com）
责任编辑：周熔希　　封面设计：汪要军

色彩的告白：解读色彩和心理的奇妙关系
SECAI DE GAOBAI: JIEDU SECAI HE XINLI DE QIMIAO GUANXI
著者 /［日］山胁惠子
译者 / 李凤娟
经销 / 新华书店
印刷 / 煤炭工业出版社印刷厂
开本 / 880 毫米 ×1230 毫米　32 开　　印张 / 8.5　字数 / 165 千
版次 / 2020 年 7 月第 1 版　　2020 年 7 月第 1 次印刷

中国法制出版社出版
书号 ISBN 978-7-5216-1124-3　　定价：45.00 元

值班电话：010-66026508
北京西单横二条 2 号　邮政编码 100031　　传真：010-66031119
网址：http://www.zgfzs.com　　**编辑部电话：010-66038703**
市场营销部电话：010-66033393　　**邮购部电话：010-66033288**
（如有印装质量问题，请与本社印务部联系调换。电话：010-66032926）